UNIVERSITÉ DE FRANCE

FACULTÉ DE DROIT DE CAEN

DROIT ROMAIN

DE NAUTICO FŒNORE

DROIT FRANÇAIS

DES ASSURANCES SUR LA VIE

THÈSE POUR LE DOCTORAT

SOUTENUE PUBLIQUEMENT

DANS LA GRANDE SALLE DE LA FACULTÉ DE DROIT

Le 29 mars 1878, à 3 heures du soir.

PAR

Georges LANDRY

AVOCAT

PARIS

ALPHONSE DERENNE

Boulevard Saint-Michel, 52.

1878

UNIVERSITÉ DE FRANCE

FACULTÉ DE DROIT DE CAEN

DROIT ROMAIN

DE NAUTICO FŒNORE

DROIT FRANÇAIS

DES ASSURANCES SUR LA VIE

THÈSE POUR LE DOCTORAT

SOUTENUE PUBLIQUEMENT

DANS LA GRANDE SALLE DE LA FACULTÉ DE DROIT

Le 26 mars 1878, à 3 heures du soir.

PAR

Georges LANDRY

AVOCAT

PARIS

ALPHONSE DERENNE

Boulevard Saint-Michel, 52.

1878

SUFFRAGANTS

MM. FEUGUEROLLES, *Professeur.*
    BAYEUX,   *id.*   *Président.*
    TOUTAIN,   *id.*
    JOUEN,   *Agrégé.*
    GUILLOUARD,   *id.*
    VILLEY,   *id.*

DROIT ROMAIN

DE NAUTICO FOENORE

Dig. liv. XII tit. 2.

INTRODUCTION.

Le peuple romain essentiellement guerrier et conquérant méprisait le travail, le négoce et l'industrie comme une occupation « *indigne de l'homme libre* » ; aussi dès ses premières luttes avec Carthage
des édits déclarèrent-ils que les peuples commerçants devaient
travailler pour Rome tandis que lui, peuple Romain, avait pour
mission de les vaincre, de les rançonner et de continuer une guerre,
qui l'avait rendu le maître, plutôt que de s'adonner au commerce,
cause de l'esclavage de ceux qu'il appelait les barbares. — « Que
« peut-il sortir d'honorable d'une boutique? disait Cicéron : *Ne quid-*
« *quam ingenuum potest habere officina. Mercatura si tenuis est,*
« *sordida putanda est ; sin autem magna et copiosa, multa undi-*
« *que apportans, non est admodum vituperanda... nihil enim*
« *proficiunt mercatores, nisi admodum mentiantur* (1). »

Avec de semblables principes toute l'activité romaine se trouva
dépensée sur les champs de bataille ou dans les luttes du forum, et les

1. Blanqui, Histoire de l'Economie politique T. I. page 23 n° 70; Cicéron, *de offi-
ciis*, liv. I, chap. 42.

L.   1

opérations commerciales furent abandonnées aux affranchis jusqu'au jour où, maîtres de l'Orient, les Romains voulurent imiter le luxe des vaincus et ne craignirent pas dès lors de se livrer à des opérations leur fournissant le moyen rapide d'accroître leur fortune.

Ce fut aux Rhodiens qu'ils empruntèrent le *nauticum fœnus*, comme moyen d'augmenter leurs revenus, et Caton engagea son fils à se livrer à cette sorte de prêt. Cette institution nouvelle prit un grand développement et nous allons nous efforcer de rechercher au Digeste, au Code et dans les novelles de Justinien les principes qui réglementaient cette espèce de *mutuum*.

CHAPITRE PREMIER

Le *nauticum fœnus*, que nous appelons aujourd'hui prêt à la grosse aventure, était une convention par laquelle une personne transférait à une autre la propriété d'une somme d'argent destinée à une opération maritime et commerciale, à condition qu'on lui restituerait une somme supérieure, si la navigation était heureuse, dans le cas contraire le prêteur perdait tout droit de créance.

Cette définition donnée, voyons quelle est la terminologie usitée dans cette matière. On appelait *trajectitia pecunia* le capital prêté et l'expression de *nauticum fœnus* était le plus fréquemment réservée pour désigner les intérêts, qu'il était appelé à produire. Cependant, Modestin et Maximien disent dans un rescrit (1) *nauticum fœnus* pour désigner le capital et les intérêts; en effet, cette expression ne peut être prise pour *usuræ nauticæ*, le rescrit appelant le capital *fœnebris pecunia* et on ne saurait comprendre comment le texte en parlant des intérêts pourrait dire *nauticum fœnus dare* (2).

Si nous recherchons maintenant quelle est la nature du *nauticum fœnus* nous nous trouvons en présence d'une question des plus délicates et des plus controversées par les commentateurs. Est-ce un *mutuum*, est-ce un contrat innomé ou bien est-ce un mélange du contrat de louage et du contrat de société? Telles sont les trois opinions qui se trouvent en présence.

1. L. 3, C. *De naut. fœn.* (4, 33).
2. V. Saumaise. *De usuris* cap. 2 pp. 24 sq.

A. — Le premier système est professé par Cujas (1).

a. — Il commence l'exposition de sa théorie en se refusant à voir dans le *nauticum fœnus* un contrat de louage, car, dit-il, les deniers ne sont livrés à l'emprunteur que pour être consommés par lui et il est de l'essence du louage de porter sur des objets qui loin de se consommer par l'usage doivent être rendus en nature à celui qui les a fournis.

b. — Ce n'est pas davantage, ajoute-t-il, un contrat de société, tous les risques de l'expédition regardant le prêteur et tous les profits étant réservés à l'emprunteur, qui ne devra jamais rien au-delà du profit maritime stipulé.

c. — Enfin ce n'est pas un *mutuum*, car ce contrat de même que le commodat, ne comporte pas une rétribution pour le créancier.

d. — C'est un double contrat, un *mutuum* se formant par la dation des écus et un *nauticum fœnus* naissant *fœneratitia stipulatione*.

B. — Le second système est dû à M. de Savigny, qui ne voit dans le *nauticum fœnus* qu'un contrat innomé. « Peut-être, dit-il, une « stipulation était-elle toujours employée, mais on peut très-bien « concevoir une action même sans stipulation d'après les principes « des contrats innomés ; car la forme du prêt de consommation n'é- « tait qu'une apparence extérieure ; en réalité, c'était la remise d'une « somme avec les risques de la perte en échange de la promesse « d'une somme supérieure pour le cas où la perte n'aurait pas lieu, « ainsi donc un contrat dans la forme *do ut des* (2). »

C. — Enfin, l'opinion prédominante à laquelle se rallie Voët (3), voit dans le *nauticum fœnus* un contrat de *mutuum*. Avant d'exposer les arguments qui militent en faveur de ce système, il est nécessaire que nous réfutions les deux théories qui se sont formées.

Les motifs qui déterminent Cujas et l'empêchent de voir un con-

1. T. 7, p. 802.
2. De Savigny, syst. v. I, § 268. not. *m.*
3. Voët, *ad. pand.*, I, p. 769.

trat de *mutuum* dans le *nauticum fænus* ne nous paraissent nullement fondés. Sans doute, l'idée originaire du *mutuum* étant que le
contrat se forme *re*, l'*accipiens* ne peut pas être tenu de rendre plus
qu'il n'a reçu, mais la gratuité n'est pas de l'essence du *mutuum*, et
si les parties veulent que des intérêts soient dus, le prêteur peut
exiger un engagement particulier du débiteur, une promesse, une stipulation, qui ne changera en rien la nature du *mutuum*. Mais, même
dans certains cas, le prêt de consommation peut produire des intérêts en vertu d'un simple pacte et le *nauticum fænus* est précisément un de ces cas exceptionnels, comme nous l'apprend la loi 7 au
Dig. *de nautico fænore*.

Quant à l'opinion de M. de Savigny, elle est émise dans une note
et sans aucune espèce de développements, aussi nous nous conten-
terons de faire observer que l'obligation, créée par le *nauticum
fænus* est unilatérale, tandis que les contrats innomés engendrent
tous des obligations synallagmatiques.

Il nous suffira de rechercher les éléments du *mutuum* pour voir
les rapports qui existent entre lui et notre contrat. Ces éléments
sont au nombre de trois: 1° une aliénation faite par le prêteur;
2° une obligation contractée par l'emprunteur; 3° l'objet de cette
obligation est des choses de même valeur que celles prêtées.

Ces trois éléments se retrouvent dans le *nauticum fænus* à côté, il
est vrai, d'autres règles qui en modifient sensiblement la nature,
mais qui ne sauraient empêcher le fond d'être le même. D'ailleurs,
de ce que le *nauticum fænus* diffère du *mutuum* relativement au
pacte d'intérêt et aux risques, il n'en résulte pas qu'il faille voir dans
cette opération autre chose qu'un prêt de consommation.

Les expressions de la loi sont une preuve certaine, que les législateurs romains regardaient le *nauticum fænus* comme un *mutuum*.
Les textes sont nombreux, en effet, dans lesquels les expressions
ne laissent place à aucun doute; ainsi dans la loi 6 au Digeste *de
nautico fænore*, Paul dit: « fœnerator pecuniam usuris maritimis

mutuam dando..... »; dans la loi 22 au Dig. *de verb. oblig.*, § 1.
Scevola s'exprime ainsi : « Callimachus *mutuum* pecuniam acce-
pit.....» ; enfin dans la loi 4 au Code de *nautico fœnore*, un rescrit
des empereurs Dioclétien et Maximien commence ainsi : « Trajectitiæ quidem pecuniæ quæ periculo creditoris mutuo datur. »

En présence de ce langage clair et précis, nous ne pouvons hési-
ter à considérer le *nauticum fœnus* comme un *mutuum* d'une
espèce particulière, auquel les lois générales sur le *mutuum* ne sont
applicables qu'en tant qu'elles ne dérogent pas aux règles spéciales
existant sur cette espèce de contrat.

———

CHAPITRE II

En principe, les risques de la chose sont à la charge du débiteur, et dans le *mutuum* lui-même, *l'accipiens* ne se trouve pas libéré par la perte de la chose prêtée arrivée par cas fortuit ; il en est tout autrement dans le prêt trajectice.

Comme le fait remarquer Voët dans son commentaire des Pandectes : « *Substantia fœnoris nautici in eo consistit, quod pecunia* « *credita non debitoris, seu mutuarii, ut vulgo, sed creditoris, seu* « *mutuantis periculo sit* » ; le caractère essentiel et constitutif du *nauticum fœnus* se trouve dans cette attribution des risques.

Pour rendre prospères les négociations commerciales, il fallait faciliter aux navigateurs les emprunts à la grosse, leur fortune personnelle consistant parfois dans le navire et dans les marchandises, ils eussent trouvé bien difficilement les capitaux nécessaires à leurs opérations commerciales sur d'aussi fragiles garanties ; il importait aussi de ne pas sacrifier l'intérêt des prêteurs en ne les indemnisant pas des risques courus par leurs capitaux ; aussi pour concilier l'intérêt des uns et des autres, le *nauticum fœnus* oblige-t-il *l'accipiens* à faire participer le *tradens* au profit de l'expédition, et met-il tous les risques de la somme prêtée à la charge de ce dernier.

Le prêt trajectice suppose donc, en outre du *mutuum*, un contrat accessoire mettant les risques à la charge du créancier, car dans le doute, il n'est pas présumable que les parties aient voulu déroger aux principes généraux, C'est ce que nous voyons dans un rescrit des

empereurs Dioclétien et Maximien : « *Sine hujusmodi vero conven-
tione infortunio naufragii debitor non liberabitur* (1). »

Il résulte de là que le contrat accessoire qui vient se joindre au
mutuum peut présenter un caractère tout différent, suivant la
volonté des parties, qui peuvent mettre les risques soit à la charge
du *tradens*, soit à la charge de l'*accipiens*. Dans le premier cas, nous
aurons un véritable contrat de *nauticum fœnus*, tandis que dans le
second, nous serons en présence d'un *nauticum fœnus* imparfait,
régi par les règles sur le prêt ordinaire, bien que les textes se servent
aussi pour cette opération des expressions de *trajectitia pecunia* (2).

Mais, même lorsqu'il y avait un contrat de *nauticum fœnus* parfait, il est intéressant et fort important d'établir d'une façon précise
quelle était la durée des risques.

En principe, c'est la convention existant entre les parties qui
fait la loi, comme dit Modestin dans la loi 3 au Digeste à notre titre :
« *In nautico pecunia ex ea die periculum spectat creditorem ex
« quo navem navigare conveniat.* » Mais, à défaut de convention,
les textes prévoient diverses hypothèses.

Les risques étant à la charge du *tradens*, sa responsabilité ne commence qu'avec les risques : c'est-à-dire que pour l'existence du *nauticum fœnus*, un risque est nécessaire, sans risque, l'on se trouve
en présence d'un prêt ordinaire, ne produisant que l'intérêt légal. De
plus, il faut que la perte du navire ou des marchandises ne soit pas le
résultat de la faute ou du dol de l'*accipiens*, comme cela arrivait, les
marchandises étant embarquées sur un navire incapable de tenir la
mer, ou lorsque les marchandises elles-mêmes, valeur représentative
de l'argent prêté, étaient exposées à la confiscation (3). De plus, le
navire ne devait pas s'éloigner de la route convenue, à moins d'y être

1. L. 4, C. de *nautico fœnore*.
2. L. 4, 55, ff. h. t.
3. L. 3, C. h. t.

contraint par un cas de force majeure (1). Enfin, la traversée devait toujours être faite à une époque favorable, c'est-à-dire à tout autre moment qu'entre le 3 des Ides de novembre et le 6 des Ides de mai. Telles sont les hypothèses qui font retomber les risques sur la personne de l'*accipiens*.

Sachant à quelle époque commencent les risques et les hypothèses qui, d'après la loi, libèrent le *tradens*, il est nécessaire que nous recherchions à quel moment les risques cessent d'être à sa charge.

Les risques cessent d'être à la charge du créancier quand le navire est heureusement arrivé au port « *navis ad portum adpule-* « *rit* » (2) « *ad destinatum locum navis perveniat* » (3). Mais une règle absolue ne peut être posée, les parties étant libres d'y apporter toutes les modifications qu'il leur plaît ; c'est ainsi qu'elles peuvent convenir que les risques ne seront à la charge du créancier que pour un temps déterminé ou bien jusqu'à l'arrivée d'une condition (4) ; ou bien encore que le créancier ne conservera son droit de créance que si le navire arrive dans le temps déterminé à son lieu de destination.

Il faut aussi distinguer si le créancier a pris les risques à sa charge pour l'aller et le retour ou bien s'il n'est responsable que des risques pour l'aller ; dans ce dernier cas la loi 3 au Code à notre titre nous apprend que le tradens a droit au capital et aux intérêts dès que le navire est arrivé au port.

Les risques étant à la charge du créancier pour l'aller et le retour, la loi 122 au Digeste *de verb. oblig.* nous fournit une hypothèse, prévue par Scevola, qui ne peut s'expliquer qu'au moyen d'une correction :

« Callimachus a reçu de Stichus esclave de Seius de l'argent

1. Eod.
2. L. 1, h. t.
3. L. 8, C. h. t.
4. LL. 6 et 8 § h. t.

« trajectice pour faire le voyage de Béryte à Brindes; le prêt a été
« fait pour tout le temps de la navigation, fixé à deux cents jours,
« et l'emprunteur a hypothéqué à sa dette les marchandises achetées
« à Béryte, pour être transportées à Brindes et celles qu'il devait
« acheter à Brindes pour les rapporter sur son navire à Béryte. De
« plus, il avait été convenu entre les parties que lorsque Callimachus
« serait arrivé à Brindes, il en repartirait avant les prochaines Ides
« de septembre, après avoir acheté et chargé sur son navire de
« nouvelles marchandises à destination de la Syrie. Dans le cas où
« il n'aurait pas quitté Brindes au jour fixé, il devait rendre de suite
« la somme entière, comme si le voyage était terminé et tenir
« compte en outre de toutes les dépenses des gens, chargés de re-
« cevoir cet argent et de le rapporter à Rome. »

Avant d'arriver à la conclusion tirée par Scevola, il est nécessaire
que nous examinions rapidement une difficulté qui s'est élevée pour
arriver à faire concilier les mots, *idque creditum esse in omnes
navigii dies* et le mot *ducentos*. Le sens de cette phrase est sans
doute que le créancier a pris à sa charge les risques de la navigation tant pour le retour que pour l'aller. Mais, si, deux cents
jours étaient fixés pour la durée de la traversée on ne s'explique
guère pourquoi on indique en plus que le navire devait quitter
Brindes avant les Ides de septembre. Aussi en général on remplace,
avec Saumaise, *ducentos* par *ducentum* et l'on s'en tient dès lors
à l'obligation pour l'*accipiens* d'avoir quitté Brindes avant les Ides
de septembre.

« Avant l'époque désignée au contrat, Callimachus chargea des
« marchandises sur son navire et accompagné d'Héros, compagnon
« d'esclavage de Stichus, il se mit à naviguer pour retourner en
« Syrie. Callimachus avait donc chargé sur son navire des marchan-
« dises au temps, où d'après le contrat, il aurait dû payer à Brindes
« l'argent qui de là aurait été transporté à Rome ; le vaisseau ayant
« péri on demanda si Callimachus pouvait exciper du consentement

« d'Héros, qui avait été envoyé avec lui et qui n'avait reçu d'autre
« mandat que celui de toucher l'argent au jour fixé par le contrat et
« de le rapporter à Rome ou si Callimachus était au moins tenu par
« l'action *ex stipulatu*. — On répondit qu'il y était tenu. »

La solution n'est pas plus claire que l'hypothèse elle-même et
n'est nullement en accord avec les principes du *nauticum fœnus*.
En effet, si Callimachus a quitté Brindes au moment convenu, c'est-
à-dire avant les Ides de septembre, il n'est pas en faute, et les risques
de la navigation étant à la charge du *tradens* il semble que c'est lui
qui devrait supporter la perte du navire et de sa cargaison. D'un
autre côté si Callimachus est resté dans les termes de la convention,
il n'y a pas à s'occuper de l'effet du consentement donné par l'esclave Héros. Il est donc probable que le contrat n'a pas été exécuté
et divers modes d'interprétation on été proposés par les commentateurs.

A. — Alciat et Saumaise lisent au lieu de « *cum ante idus supras-*
« *criptas* », « *cum non ante idus suprascriptas* » et dès lors toute
difficulté disparait. Callimachus ne s'est pas conformé aux conditions
du contrat, en ne partant pas à l'époque convenue, par suite la perte
du navire lui est imputable et il n'est pas libéré vis-à-vis de son créancier qui pourra lui réclamer le capital et le profit maritime. Ce système adopté par Pothier et par Doneau est confirmé par les mots
« *eo tempore quo jam...* » qui indiquent que l'argent eut déjà dû
être remboursé à Héros au moment où le départ a eu lieu puisqu'on
n'était plus dans le délai du contrat.

B. — Cujas admet que Callimachus est parti de Brindes avant les
Ides de septembre, mais trop tard pour arriver à Béryte avant le
terme convenu. Cette explication ne nous semble pas satisfaisante,
le texte ne disant pas que le navire devait être de retour avant les
Ides de septembre, mais avoir quitté Brindes avant cette époque.

C. — Robertus croit que la décision de Scévola est basée sur un changement de route qui, bien qu'approuvé par Héros, libère le créancier.

Quoi qu'il en soit, nous devons conclure de cette loi que si le créancier a pris à sa charge les risques de la traversée, il les supportera jusqu'à ce que le navire soit heureusement revenu à son point de départ; que si le débiteur n'observe pas scrupuleusement les délais qui lui ont été assignés, les risques tombent à sa charge; et que ce contrat ne saurait être modifié par un esclave du créancier en tant que ce dernier n'a pas approuvé la modification.

CHAPITRE III

DES INTÉRÊTS.

Dans le prêt ordinaire l'intérêt dû au créancier, étant un équivalent de la privation de son capital, cet intérêt croît avec la durée de la privation et est proportionnel au temps pendant lequel le débiteur a gardé la chose empruntée. Dans le prêt à la grosse aventure l'intérêt affecte de plus un autre caractère, c'est la représentation de la valeur du risque couru par la chose prêtée et par suite il est déterminé plutôt par la grandeur du risque que par la durée du prêt.

Il résulte de ces principes que dans le prêt trajectice la théorie des intérêts se lie intimement à la question des risques, que nous avons étudiée dans le chapitre précédent. Il faut, comme nous l'avons vu, pour que le contrat de *nauticum fœnus* existe que les risques aient été mis à la charge du prêteur, s'il en était autrement nous ne serions en présence que d'un contrat de *mutuum* ordinaire. C'est relativement à la manière de produire les intérêts maritimes et à leur taux que nous trouvons en matière de *nauticum fœnus* deux dérogations dans le droit romain à la théorie générale des intérêts.

Nous n'avons pas ici à refaire l'historique de l'intérêt à Rome ; on sait combien cette question se trouva mêlée aux luttes entre les patriciens et les plébéiens : « *Sane vetus urbi fœnebre malum*, dit « Tacite, *et seditionum discordiarumque creberrima causa.*» Mais il est nécessaire que nous indiquions les règles applicables au *mutuum* en matière d'intérêts et les dérogations existant en faveur du *nauticum fœnus*.

Il était de principe que pour faire produire des intérêts à un capital il fallait une stipulation. Ainsi dans le prêt l'une des praties est tenue envers l'autre à la suite d'une aliénation faite au profit de celle-là. Le débiteur ne peut dès lors être tenu de rendre plus qu'il n'a reçu et un *pactum adjectum* ne produit aucun effet, conformément à la rigueur des principes du vieux droit quiritaire. Mais peu à peu ces principes s'étant modifiés sous l'empire du droit prétorien et des constitutions impériales les *pacta adjecta* eurent enfin quelque effet.

Tous les pactes ajoutés *ex intervallo* à un contrat *bonæ fidei* ou *stricti juris*, restent en dehors de ce contrat, ils peuvent fournir une exception, mais ne sauraient donner d'action comme nous l'apprend la loi VII § 4 ff. *de pactis*. Les pactes ajoutés au contraire *ex continenti* font produire au contrat des effets différents suivant qu'il est de bonne foi, ou de droit strict ; le contrat est-il de bonne foi, le pacte, soit qu'il augmente, soit qu'il diminue l'obligation, est réputé faire corps avec le contrat (1) ; le contrat est-il de droit strict le pacte même ajouté incontinent est traité comme s'il avait été fait *ex intervallo* et jamais il n'en résultera une action pour le créancier.

Ulpien nous apprend en effet dans la loi 11 § 1er *de reb. cred.* que Proculus pense que si on a donné dix pour recevoir onze on ne pourra demander par voie de condiction que dix. Le motif d'une semblable décision nous est donné par Paul dans la loi 7, § 17 pr. ff. *de pactis*, l'obligation naissant du *mutuum* étant formée *re* ne peut dépasser le montant de la somme effectivement livrée ; les parties auraient beau ajouter des conditions accessoires elles ne pourraient pas faire que ce qui est ne soit pas. Cependant la doctrine professée par Ulpien n'est pas restée générale et tout effet de droit ne fut pas à jamais refusé au pacte ajouté *in continenti* à un contrat *de mutuum*. Nous trouvons, en effet, dans une décision de l'empereur Alexandre, la preuve que le principe de l'égalité entre la dation et la restitution ne resta pas en rigueur: «*frumenti, vel ordei mu-*

1. L. 7 § 5 f. *de pactis.*

« *tuo dati accessio etiam ex nudo pacto præstanda est.* » Une
constitution de Dioclétien et de Maximien a étendu cette décision
« *oleo et quibuscumque fructibus* » et a donné en même temps
pour raison que ces denrées ont un prix variable « *ratio incerti
pretii* (1). » Mais si le *mutuum* s'appliquant à des choses se con-
sommant par le premier usage a vu ces règles lui être appliquées, il
en est tout autrement du prêt en argent. On a cherché à expliquer
cette différence par la formule de l'action résultant de ce prêt et l'on
a dit : une somme fixe doit se trouver dans l'*intentio* et dans la *con-
demnatio*, tandis que dans la *condictio* autre que celle *certæ pecuniæ* appelée *condictio triticaria*, le juge avait un pouvoir d'appréciation qui lui permettait de fixer le montant de la *condemna-
tio* (2). Mais il ne nous paraît pas possible de conclure que le juge
doive tenir compte des intérêts ayant fait l'objet d'un simple pacte
même ajouté *in continenti*. Pour nous, le maintien de l'ancien
droit se fondait en cette matière sur l'idée inexacte que les Romains
se faisaient de l'immutabilité de la valeur de l'argent, sur la défaveur
avec laquelle Justinien voyait de semblables prêts.

Si ces règles sont vraies en matière de *mutuum*, nous voyons
dans la loi 7, d. *de nautico fænore* que le prêt maritime échappait à
la nécessité d'une stipulation pour que l'agent trajectice produisit
des intérêts.

C'est donc en vertu d'un simple pacte comme le font remarquer
Noodt et Pothier que dans cette loi les mots *in pacto* doivent
être sous-entendus dans la première phrase et opposés aux mots
per stipulationem. « *In quibusdam contractibus*, dit Paul, *etiam
« usuræ debentur, quemadmodum per stipulationem. Nam si
« dedero decem trajectitia ut salva nave sortem cum certis usuris
« recipiam, dicendum est posse me sortem cum usuris recipere.* »
Scevola nous apprend que cette exception a été étendue à tous les

1. L. 23 C. *de usuris.*
2. Savigny sys. R. 4 § 208.

contrats aléatoires où l'intérêt est l'équivalent du risque couru (1).

Il convient, avant de terminer cette partie relative aux intérêts, d'indiquer deux hypothèses dans lesquelles la stipulation n'était pas nécessaire pour rendre les intérêts exigibles. Le prêt d'argent fait par une ville était productif d'intérêt en vertu d'un simple pacte et Justinien étendit cette faveur aux *argentarii*.

Ces principes posés, il est nécessaire d'étudier les dérogations existant en notre matière relativement aux taux des intérêts et d'examiner, au moins sommairement, les variations successives qui se sont produites dans la législation romaine sur le taux de l'intérêt.

Avant la loi des XII Tables le taux de l'intérêt n'étant pas limité, la cupidité des créanciers ne connut point de bornes, aussi cette loi fut-elle obligée d'établir un maximum et il fut défendu, sous peine de rapporter au quadruple les intérêts excédant le taux légal, d'exiger au-delà de l'*unciarium fœnus*.

Quelle était la valeur de l'*unciarium fœnus*? Telle était la question sur laquelle se formèrent divers systèmes :

A. — L'opinion prédominante au xvie siècle voyait dans l'*unciarium fœnus* l'intérêt à 12 0/0 l'an.

B. — Dumoulin et Pothier ont prétendu que l'*unciarium fœnus* représentait seulement 1 0/0 d'intérêt.

C. — Enfin une troisième opinion mise en avant par Niebuhr et généralement enseignée par les romanistes modernes, prétend que l'*unciarium fœnus* serait le denier douze ; de sorte que l'intérêt pour un an serait 1/12 du capital soit 8 1/3 0/0 par an.

Des lois postérieures firent du *fœnus unciarium* le *fœnus semi unciarium*, en abaissant de moitié le taux maximum de l'intérêt.

De plus, les *lex Licinia* et *lex Duilia Mœnia* ainsi que la *lex Genucia* vinrent changer ces dispositions, cette dernière loi interdisait absolument le prêt à intérêt ; mais suivant le témoignage de Tite-Live elle ne fut pas observée.

1, loi 4 § 1 ff. de naut. fœn.

Cicéron nous apprend que l'usage d'un taux nouveau sanctionné par plusieurs édits provinciaux et appelé *centesima usura*, établit l'intérêt à 1 0/0 par mois, soit 12 0/0 l'an. Ce taux maximum subsista jusqu'à Justinien.

Empressons-nous de dire que cette limite dans le taux des intérêts n'exista pas en matière de *nauticum fœnus* et Paul nous apprend dans ses sentences que : « *Trajectitia pecunia propter periculam creditoris quamdiu navigat navis; infinitas usuras recipere potest.* » Ces dispositions s'expliquent fort bien en pareille matière, l'équivalent auquel le créancier a droit devant être proportionné aux risques courus par l'argent qu'il prête.

Justinien substitua à la législation sur les intérêts, que nous venons d'exposer, une législation toute autre. La *centesima usura*, taux maximum dans le prêt ordinaire est remplacée par un intérêt variable suivant la qualité du créancier; cet intérêt ne pourra dépasser le tiers de la *centesima* pour les personnes illustres, il sera des 2/3 de la *centesima* pour les commerçants et de la moitié pour les autres personnes. Ainsi en admettant que la *centesima* soit de 12 0/0 l'an, il en résulte que le taux légal des intérêts est de 4 0/0 pour les personnes illustres, de 8 0/0 pour les commerçants et de 6 0/0 pour toutes les autres personnes. Il est bon de remarquer que nous trouvons là l'origine établie par notre loi française entre le prêt civil et le prêt commercial.

Quant au *nauticum fœnus*, il se vit profondément modifié, et Justinien crut devoir substituer des principes tout nouveaux à ceux consacrés par l'expérience de plusieurs siècles. Aussi dans la loi 26 C, *de usuris*, l'empereur décida que quant aux contrats à la grosso et à ceux qui y ressemblent le taux de l'intérêt sera de 12 0/0 sans pouvoir être dépassé. C'est là une innovation des plus malheureuses qui universellement critiquée a servi de base aux argumentations des jurisconsultes désireux de donner à la constitution de Justinien une explication plus en rapport avec les véritables intérêts commerciaux.

L.   11

A.— Dumoulin ne veut appliquer les principes de la loi 26 *de usuris* qu'au cas où la traversée ne peut présenter aucun danger, car si le voyage présente de sérieuses causes de péril on doit, dit-il, se reporter à la loi 5 D. de *nautico fœnore* et les *infinitæ usuræ* apparaissent comme *periculi pretium* (1).

B.— Une autre interprétation a été proposée par Emérigon qui ne veut appliquer la loi 26 *de usuris* qu'au cas prévu par la loi 4 D. c'est-à-dire lorsque le *nauticum fœnus* est imparfait (2).

Rien dans les textes ne justifiant ces deux systèmes et la loi 26 *de usuris* s'exprimant en termes formels il nous est impossible de ne pas reconnaître que Justinien a effectivement changé la disposition de l'ancien droit.

A cette innovation vint s'en joindre une autre qui ne fut que la conséquence de la première ; le *nauticum fœnus* dut se calculer par an et non plus par voyage.

Les intérêts maritimes contrairement aux intérêts ordinaires qui sont exigibles par douzième le premier jour des calandes de chaque mois ne pouvaient être réclamés qu'après le voyage en même temps que le capital; c'était, en effet, seulement alors que naissait l'obligation de l'emprunteur de rendre le capital reçu avec le profit maritime.

Une telle législation devait avoir une influence néfaste sur les négociations commerciales et les négociants eux-mêmes cherchèrent le moyen de violer la loi 26 *de usuris*. En effet, nous trouvons dans la novelle 106 que deux prêteurs à la grosse se sont adressés au préfet du prétoire Jean pour savoir de lui qui était licite dans le prêt maritime. Justinien désireux de se renseigner sur les besoins commerciaux ordonna une enquête dans laquelle furent entendus un certain nombre de négociants. Cette enquête révéla : 1° que certains prêteurs imposaient à l'emprunteur l'obligation de charger sur son navire une somme déterminée de marchandises par chaque solide prêté; de plus

1. Dumoulin contrat. Usur. N° 81 sq.
2. Emérigon, des contrats à la grosse, section 1.

l'emprunteur était tenu de payer un solide pour dix solides prêtés, soit 10 0/0 par an ; 2° D'autres prêteurs stipulaient que l'emprunteur leur paierait le huitième de chaque solide soit trois siliques par solide ce qui donne un intérêt de 12 1/2 0/0. De plus cet intérêt était fixé non point à tant 0/0 l'an, mais pour le voyage.

Ces usage commerciaux connus de Justinien, ce dernier s'empressa de leur donner son approbation et d'abroger ainsi de fait les dispositions de la loi 26 C. *de usuris* et désormais les taux indiqués par la novelle 106 furent des taux légaux.

Un tel état de choses devait bientôt prendre fin, un revirement rapide s'étant opéré dans l'esprit de l'empereur, il rétablit par la novelle 110 les dispositions de la loi 26 C. *de usuris*.

Avant de terminer il nous importe de rechercher si les règles spéciales que nous venons d'étudier relativement aux intérêts sont exclusives et propres au *nauticum fœnus*, ou bien s'il n'existe pas des cas où il peut être dû des intérêts à un taux illimité en vertu d'un simple pacte comme compensation des risques que le créancier prend à sa charge.

Nous trouvons la réponse à notre question dans la loi 5 D. *de nautico fœnore* où Scevola semble résoudre la question d'une façon affirmative. Il est nécessaire en présence des interprétations nombreuses qui ont été données à ce texte que nous reproduisions les expressions mêmes du jurisconsulte romain.

« *Periculi pretium est ; et si conditione quamvis pœnali non* « *existente recepturus sis quod dederis, et insuper aliquid præter* « *pecuniam si modo in aleæ speciem non cadat : veluti ea, ex* « *quibus conditiones nasci solent ut si manumittas si non illud* « *facias si non convaluero et cætera. Nec dubitabis si piscatori* « *erogaturo in apparatum plurimum pecuniæ dederim ut si* « *cepisset reddret : et athletæ unde se exiberet exerceretque, ut* « *si vicisset, reddret.— In his autem omnibus et pactum sine* « *stipulatione ad augendam obligationem prodest.* »

Cette loi est certainement une de celles qui présentent les plus grandes difficultés d'interprétation, aussi a-t-elle été mise par Cornelius Van Eck au nombre des *septem leges damnatæ*.

A.—Parmi les commentateurs les uns ont voulu expliquer ce texte sans y apporter de modification et voici comment Doneau explique la loi. « On peut, quoiqu'il n'y ait que clause pénale sous-entendue, réclamer en outre du capital prêté une somme qu'on regardera comme le prix du péril couru par le créancier, toutes les fois que la restitution de l'argent prêté sera subordonnée à l'évènement d'une condition soit positive, soit négative, pourvu que le contrat ne devienne pas aléatoire, un semblable contrat ne pouvant faire naître aucune action. Il faut donc pour que la règle s'applique que la condition naisse de la nature même du contrat comme dans les exemples cités par le texte: si tu ne fais par cela, si tu n'affranchis pas, si tu ne guéris pas. Ce sont toujours là des contrats *do ut facias* auxquels le jurisconsulte ajoute dans la dernière phrase des contrats qui ne présentent aucun doute. »

La conclusion de Doneau est donc que toutes les fois que la base de la stipulation sera un pur cas fortuit, il ne sera pas permis d'exiger comme *periculi pretium* des intérêts plus élevés que le taux légal. Cette explication nous paraît inadmissible puisque la loi que nous étudions se trouve au titre du Digeste *De nautico fœnore* et que dans ce contrat le pur cas fortuit est la cause du *fœnus nauticum*, qui cependant est bien le *periculi pretium*.

B. — La plupart des interprètes, parmi lesquels nous devons signaler Zinzerling, Cujas et Noodt, font au contraire subir de nombreuses modifications au texte que nous avons cité.

1° Cujas lit : « *et si conditione, quamvis non pœnali, existente*, et cette rectification nous paraît des plus raisonnables, car sans ce déplacement de la négative le texte nous semble inexplicable, il faudrait traduire que l'on pourrait exiger le *pretium periculi*, alors que la condition dont dépend l'obligation de restituer ne s'est pas réalisée,

ce qui est absolument inadmissible. Au contraire la transposition de
la négative donne au texte le sens suivant ; la condition étant accomplie bien qu'elle ne soit pas pénale, ce qui est payé en outre du
capital prêté représente le prix des risques et est payé à bon droit.

2° Au lieu de « *si modo, in alex speciem non cadat* » Cujas lit
« *si modo in aliam speciem non cadat.* » Avec Pothier, nous nous
rallions à une semblable correction ; il n'est pas vrai, en effet, que le
créancier ne puisse pas se faire indemniser des risques par lui
courus, lorsque la convention a un caractère aléatoire, et le texte
nous en fournit lui-même la preuve dans l'exemple du pêcheur à qui
l'on prête, à la condition qu'il rendra, si la pêche est heureuse.

3° Enfin, Cujas remplace le mot *conditiones* par *condictiones*, et
cette modification confirmée par les basiliques résulte presque nécessairement de la liaison des mots : « *veluti ea ex quibus condictiones
nasci solent* ». Car les lois ne disent jamais « *conditiones nas-
cuntur* » mais « *conditiones adjiciuntur, adscribuntur, adponantur
dantur* ». C'est bien au contraire la façon habituelle de parler toutes
les fois qu'il s'agit de *condictio* « *ex hac causa condictio nascitur* »,
comme il résulte de plusieurs textes telles que les lois 6 et 26 D.
de donat. int. vir et ux. et de la loi 38 *de usuris.* Cujas cite d'ailleurs de nombreux textes où le mot de *conditio* a été mis au lieu de
celui de *condictio.*

CHAPITRE IV.

DE LA PEINE STIPULÉE A RAISON DU RETARD.

Dans les chapitres précédents nous avons vu que le caractère essentiel du *nauticum fœnus* consistait dans la mise des risque à la
charge du créancier pendant la durée de la traversée; nous avons vu
également que le contrat de prêt maritime pouvait être fait pour le
voyage entier ou pour l'aller et le retour et que, dans l'un et dans
l'autre cas, le créancier n'avait le droit de réclamer le capital et les
intérêts que lorsque le navire était heureusement arrivé dans le lieu
indiqué dans la stipulation C'était à ce moment là même que l'obligation de l'emprunteur prenait naissance et s'il s'acquittait immédiatement de sa dette il ne pouvait y avoir de difficulté; mais il n'en
était pas toujours ainsi et il arrivait au contraire que le débiteur
laissait s'écouler un temps plus ou moins long entre l'exigibilité et le
paiement de la dette; de là pouvait résulter pour le créancier un
préjudice auquel il était nécessaire de remédier.

Les créanciers imaginèrent alors d'ajouter une clause pénale au
contrat de prêt maritime et de faire courir les intérêts du capital prêté
à partir du jour où il serait exigible. Justinien avait dans la novelle
106 accordé au débiteur un délai de 30 jours, à partir de l'heureuse
arrivée du navire pour lui permettre de vendre ses marchandises, ce
n'était donc qu'à partir de l'expiration des 30 jours que le débiteur
retardataire était tenu des intérêts. Mais, comme nous l'avons vu, la
novelle 110 étant venue abroger la novelle 106 (*quasi dicta lex nun-
quam scripta esset*) aucune des dispositions de cette dernière ne
saurait subsister.

En outre, le créancier ne se trouvant pas toujours présent au lieu où le remboursement devait être effectué, avait l'habitude d'expédier sur le navire de l'emprunteur un de ses esclaves ou affranchis appelé par les grecs Κηρυλκολουθος et chargé d'opérer le recouvrement du capital et des intérêts au lieu fixé par la convention. Les frais occasionnés par la prestation des services de l'esclave étaient payés par l'emprunteur.

La clause pénale avait pour but d'assurer au créancier une somme destinée à compenser le préjudice que lui causait l'absence de son esclave lorsque le paiement du capital et du prix du risque n'avait pas été versé à cet esclave à l'époque d'exigibilité; c'est d'ailleurs le motif qui nous est donné par quelques textes tels que la loi 4, § 1, D. *de nautico fœnore* et la loi 23, D. *de oblig. et act.* Cependant, nous pensons que cette cause n'est qu'apparente; que le véritable motif des dommages-intérêts accordés était la perte résultant pour le prêteur du retard apporté par le débiteur dans le paiement de sa dette. Les textes eux-mêmes nous en donnent la preuve, et les lois 8 et 9 D. *de nautico fœnore* parlent de la *pœna* en termes généraux. D'ailleurs, si la peine représentait réellement le dommage résultant de la privation du service de l'esclave, on ne calculerait pas d'après les intérêts de la somme due, mais d'après le montant du travail ordinaire de l'esclave.

C'est la loi 4 qui nous indique le maximum de l'indemnité qui pouvait être réclamée par le prêteur. Cette loi impose une double restriction au taux des intérêts maritimes résultant de la *pœna*. D'abord, elle ne peut dépasser le double du capital, conformément aux principes généraux contenus dans la loi 26 D. *de cond. indeb.* Le jour où le capital se trouve doublé par l'accumulation des intérêts, ceux-ci cessent de courir. Remarquons toutefois que, depuis Justinien, la loi 26 C. *de usuris* nous apprend que les paiements partiels d'intérêts serviront à la décharge du débiteur et que quand il aura payé le double de la somme prêtée, il ne devra plus ni capital ni intérêts.

La question qui se pose ici est celle de savoir ce qu'il faut entendre par le capital. Est-ce le capital prêté seul, la *pecunia trajecticia*, ou bien est-ce ce capital augmenté du profit maritime ? Pothier se fondant sur ce que les lois romaines ont prohibé l'anatocisme soutient que la *pœna* ne doit être calculée que sur le capital prêté. Pour lui, le profit maritime étant appelé par les textes *usura nautica*, *nauticum fœnus*, n'a sur l'intérêt ordinaire que l'avantage d'être d'un taux plus élevé.

Ce système nous semble reposer sur une erreur relative même à la nature de l'intérêt maritime ; ce n'est pas un intérêt proprement dit, mais le prix des risques courus par le créancier (1). D'ailleurs, nous pouvons rencontrer ici les inconvénients que la loi a voulu éviter en introduisant l'anatocisme ; en effet, le jour de l'échéance arrivé, le profit maritime et le capital prêté ne forment plus qu'une seule et même somme dont le créancier souffre également du retard dans le paiement, lorsque le versement est retardé. Il n'y a donc pas de motif de refuser au *nauticum fœnus* ce qu'on accorde à la *trajecticia pecunia*.

Comment arrivait-on à faire produire ces intérêts moratoires ? Était-il nécessaire d'une stipulation ou un simple pacte suffisait-il ? Nous croyons qu'il fallait recourir à une stipulation conformément au principe du droit commun, les risques maritimes cessant le jour où la traversée est finie et le contrat tacite obligeant l'emprunteur devenant un véritable *mutuum*. Nous nous trouvons donc dès lors en présence des principes relatifs au prêt à intérêt qui exigent en termes formels, comme nous l'apprend Paul dans ses sentences, une stipulation pour faire courir les intérêts. Nous avons donc dans l'espèce deux opérations, l'une consistant à assurer au prêteur le paiement du profit maritime dans laquelle un pacte suffit ; et l'autre consistant à ajouter une stipulation conditionnelle destinée à procurer une indemnité pour les services de l'esclave et pour le retard dans le

1. Lol 5. D. *de naut. fœn.*

paiement du capital. Cette interprétation est d'ailleurs confirmée par les textes relatifs à la *pœna* qui n'emploie jamais que le mot de *stipulatio* (1).

Nous faisons remarquer toutefois que les intérêts payés en vertu d'un pacte ne sauraient être répétés comme indus ni imputés sur le capital, le pacte suffisant pour créer une obligation naturelle et pour donner lieu à une exception.

Pour que la *pœna* prenne naissance, était-il nécessaire d'avoir recours à une interpellation ou les intérêts moratoires couraient-ils de plein droit par suite de non paiement à l'époque de l'exigibilité ?

A. — Pomponius enseigne d'après Labéon que le débiteur n'était pas mis en demeure par la seule échéance du terme et qu'une interpellation était nécessaire : « *Labeo ait, si nemo sit qui a parte promissoris interpellari trajectitiæ pecuniæ possit, id ipsum testatione complecti debere, ut pro petitione id cederet* (2). » Cette loi indique d'une façon implicite que le débiteur doit être interpellé par le préteur pour encourir les intérêts moratoires. Si l'interpellation est rendue impossible par l'absence ou le décès du débiteur, la loi 9 D. *de nautico fœnore* nous apprend qu'on devra remplacer cette formalité par une déclaration devant témoins. Telle est la théorie de Pomponius.

B. — Nous avons d'un autre côté des textes en contradiction avec cette théorie, et Papinien nous dit : dans la loi 9 § 1er, D. *de usuris* : « *usurarum stipulatio quamvis debitor non conveniatur committitur* ». Un texte d'Africain, la loi 23, D. *de oblig. et act.* est encore plus explicite : le jurisconsulte y déclare qu'il n'y a pas besoin d'interpellation, et que si l'on décidait le contraire, il suffirait que celui qui doit interpeller en fût empêché par la maladie, pour que la peine ne fût pas encourue.

1. Loi 4 D. *de nautico fœnore*. Loi 23 D. *de obligationibus et actionibus*.
2. Loi 2, D. *de naut. fœn.*

Cujas a cherché à expliquer une pareille divergence chez les juris-consultes romains ; d'après lui, la question du point de départ, de la *mora* faisait l'objet de vives discussions entre les Proculiens et les Sabiniens. Justinien mit fin à la controverse, en consacrant l'opinion Sabinienne et la loi 12, C. *de contrat. in committ. stip.*, décida que le créancier n'avait pas besoin d'interpeller son débiteur pour le mettre en demeure.

La *pœna* n'était pas encourue, si le défaut de paiement provenait de la faute du créancier, et par suite les héritiers ne pouvaient ré-clamer d'intérêts moratoires, qu'à partir du jour où ils avaient com-mencé les poursuites, le débiteur ne sachant avant cette époque en quelles mains s'acquitter. Ulpien fait à notre espèce une application spéciale dans la L. 8. D. *de naut. fœn :* « *Servius ait, pecuniæ tra-jectitiæ pœnam peti non posse, si per creditorem stetisset, quo minus eam intra certum tempus restitutum accipiat.* »

CHAPITRE V

Les fraudes étant faciles pendant la navigation, des garanties étaient nécessaires pour mettre le prêteur à l'abri des dangers qu'elles pouvaient présenter. Dans le prêt maritime comme dans tout autre contrat, les contractants devaient sans aucun doute avoir la possibilité de garantir l'exécution de leurs obligations.

Parmi les sûretés les plus efficaces existait à Rome la fidéjussion qui, n'ayant pas de règles spéciales en matière de *naulicum fœnus*, doit être régie par les principes généraux. Lors de la confection du contrat le prêteur exigeait l'intervention d'une ou de plusieurs personnes qui s'engageaient à payer la dette à défaut du débiteur. Cette obligation accessoire ne pouvait jamais dépasser l'obligation principale et devait avoir le même objet qu'elle sous peine de nullité. Il en résultait donc que, sauf convention contraire, le fidéjusseur était tenu au paiement du capital et du profit maritime dans le cas d'heureuse traversée.

A côté de cette garantie, les prêteurs à la grosse en avaient une beaucoup plus usitée consistant dans le gage et l'hypothèque. Le débiteur affectait au paiement, soit des marchandises, soit son navire, soit ses biens ; l'hypothèque consentie garantissait le capital prêté et ses accessoires, comme nous l'apprend la loi 18 D. *qui pot. in pig. et hyp.* Cette règle n'était vraie toutefois que dans la limite du taux légal et l'hypothèque ne faisait pas d'obstacle à la vente du chargement du navire, les marchandises nouvelles étant subrogées aux marchandises vendues.

Dans le cas où plusieurs créanciers hypothécaires sont en présence et que le capital est insuffisant pour les satisfaire tous, la question se pose de savoir quel est celui qui doit avoir la priorité? Si les divers créanciers sont tous venus du gage en même temps, la question est réglée par le principe formulé par Pothier : « *Qui concurrunt tempore, concurrunt jure* » ; c'est d'ailleurs ce que dit le jurisconsulte Paul en déclarant qu'une chose donnée en gage en même temps à plusieurs, ceux-ci sont tous dans une position égale (1). Si donc le montant des marchandises n'équivaut pas à la créance des différents prêteurs, ils ne viendront pas par préférence les uns aux autres mais en concours. On peut se demander si le partage doit être fait par tête ou proportionnellement à la valeur des droits de chacun? Marcius nous apprend dans la loi 16 § 8 D. *de pig. et hyp.* que ce dernier mode prévaudra. Si les hypothèques ne sont pas de même date, la règle « *prior tempore, potior jure* » sera applicable. Cependant, dans le cas d'hypothèques ultérieures privilégiées, celles-ci primeront les autres. Ulpien nous dit en effet, dans les lois 5 et 6 D. *qui potior est in pignore*, que le créancier postérieur au premier est préféré à celui-ci, lorsqu'il a prêté pour la conservation du navire hypothéqué ; cet argent ayant sauvé le gage entier.

Une règle générale à la matière des hypothèques et que nous retrouvons dans le *nauticum fœnus* est que l'hypothèque ne survit jamais à la dette principale qu'elle est destinée à garantir. La condition essentielle pour que le prêteur conserve sa créance étant l'heureuse arrivée du navire, si ce navire vient à périr, le prêteur perd tout droit de réclamer le capital et le profit maritime, et dès lors, l'hypothèque qui en aurait assuré le remboursement demeure sans effet. Nous avons vu que l'hypothèque pouvait porter sur des biens autres que les marchandises dont les risques sont à la charge du prêteur et

1. L. 20, § 1, D. *de pign. act.*

Paul, dans la loi 6 D. *de nautico fœnore* confirme la règle que nous venons de poser en déclarant que si le navire vient à périr ses biens seront déchargés de l'hypothèque qui n'a plus d'obligation pour s'appuyer.

Il nous reste à rechercher si, dans le cas où le prêteur à la grosse ne s'est fait donner aucune garantie particulière, il n'a pas de par la loi une faveur assurant sa créance, un *privilegium*, différant essentiellement de notre privilége en droit français, puisque dans l'ancien droit il donnait une simple préférence résultant de la nature de la créance et opposable aux seuls créanciers chirographaires et que ce n'est que plus tard que les Romains arrivèrent à créer quelques hypothèques privilégiées. Le *privilegium* créait un droit de préférence entre les créanciers d'une même classe mais ne faisait jamais sortir un créancier de la classe à laquelle il appartenait.— Aucun texte ne répond d'une façon péremptoire à notre question, cependant la loi 26 D. *de rebus auctor. judic.* accorde un privilége au créancier qui a prêté de l'argent pour réparer, armer ou acheter un navire (*Qui in navem extruendam vel instruendam credidit, vel etiam emendam, privilegium habet*). Ce privilége est-il un privilége simple ou une hypothèque privilégiée ?

A. — Accurse et toute l'école de Bologne soutient qu'il y a là une hypothèque privilégiée. Ce système se fonde sur un texte de Papinien qui forme la loi 1 § 1er D. *in quibus causis pignus* et qui, en vertu d'un sénatus-consulte rendu sous Marc-Aurèle, accorde au créancier qui a prêté de l'argent pour réparer une maison une hypothèque tacite privilégiée. Ce que le texte dit pour le cas d'une maison devrait être étendu au cas où les deniers auraient servi à construire ou à réparer un navire; mais ce n'est là qu'un argument d'analogie.

On invoque en outre la loi 34 D. *de rebus auctor. judicis*, qui déclare que celui qui a prêté de l'argent pour construire ou réparer un navire a un privilége après celui du fisc et on en conclut que le créancier prêteur à la grosse doit être le second en rang et primer tous les créanciers autres que le fisc.

B. — Malgré ces arguments, nous croyons avec Doneau que le prêteur à la grosse ne primera que les créanciers chirographaires ; en effet, l'analogie tirée de la loi 1re D. *in quibus causis pignus* n'existe pas, et on ne peut pas traiter la construction et la réparation des navires comme la construction et la conservation des édifices qui ont de tout temps joui en droit romain d'une faveur spéciale.

Quant à l'argument tiré de la loi 34 D. *de rebus auct. judic.*, il est facile d'y répondre, le jurisconsulte Paul ne dit pas en effet que le privilége du fisc prime tous les créanciers sans exception mais seulement ceux qui, comme lui, n'ont qu'un simple privilége. Décider autrement ce serait donner au mot *privilegium* un sens qu'il n'a jamais eu en droit romain.

CHAPITRE VI

Ayant indiqué dans les chapitres précédents la nature du *nauticum fœnus*, les règles qui le régissent, les droits appartenant au prêteur et les garanties qu'il peut se faire promettre, il nous faut étudier maintenant les moyens dont il dispose pour faire exécuter l'obligation du débiteur récalcitrant.

A défaut de textes, il est nécessaire que nous nous reportions aux principes et c'est de la nature même du prêt à la grosse que nous pourrons faire dériver les actions qui en résultent.

Nous avons vu lorsqu'il s'est agi de déterminer la nature de ce contrat combien les commentateurs sont loin d'être d'accord sur sa nature ; nous avons vu que Cujas y voit deux contrats, un *mutuum* quant au capital et un contrat innomé quant aux intérêts maritimes et qu'il se voit obligé dès lors de donner aux créanciers deux actions : la *condictio certi* pour la restitution du capital et l'action *prescriptis verbis* pour le paiement des intérêts. M. de Savigny ne voyant dans le *nauticum fœnus* qu'un contrat innomé, ne peut donner au prêteur à la grosse que l'*actio prescriptis verbis* pour la restitution du capital et des intérêts.

Nous avons donné les motifs qui nous font repousser le système de Cujas et celui du romaniste allemand ; nous n'avons pas à insister sur les arguments que nous avons déjà présentés. Voyant dans le *nauticum fœnus* un véritable *mutuum*, mais d'une espèce spéciale, nous donnerons au prêteur la *condictio certi* pour parvenir au remboursement du capital et la *condictio certi* ou *incerti* quant aux intérêts, suivant qu'ils consisteront en une somme fixée d'avance ou que leur quotité sera proportionnelle à la durée du voyage.

Quant à la *pœna*, comme elle ne pouvait être due qu'en vertu d'une stipulation, elle devait aussi être réclamée au moyen de la *con-dictio* avec la même distinction que pour le profit maritime.

Jusqu'à présent nous avons supposé que le débiteur était proprié-taire du navire, mais cette hypothèse ne se présentera que bien rare-ment, les Romains avec leur mépris pour les opérations commerciales les exerçaient en effet par l'intermédiaire d'un esclave, d'un affran-chi, d'un homme libre d'une condition inférieure appelé *magister navis.* Cet individu, préposé à la conduite du navire, pouvait, pen-dant la traversée, comme nous l'apprend la loi 1re § 8 D. *de exerc. act.,* faire un emprunt à la grosse pour réparer le navire ou nourrir les matelots. Si ce *magister navis* était un esclave, le prêteur à la grosse ne pouvait, dans la rigueur du droit, intenter d'action ni contre le maître du navire qui n'avait pas été partie au contrat, ni contre l'esclave qui n'avait pas eu le droit de s'obliger civile-ment. Toutefois, comme il aurait été injuste que le prêteur ne pût rentrer dans ses fonds, le droit prétorien imagina de lui donner contre le maître de l'esclave une action indirecte appelée *actio exer-citoria,* puisque celui à qui étaient accordés les bénéfices journaliers du navire était appelé *exercitor.*

Il est bon de remarquer que cette action qui est dénommée et con-sidérée par les textes comme ayant une existence particulière, est plutôt au fond un attribut, une qualité de diverses actions, soit civiles, soit prétoriennes, auxquelles elle s'applique ; ainsi, dans notre espèce, ce sera toujours la *condictio* résultant du *nauticum fœnus* qui sera donnée au créancier, mais qui devra subir la modifi-cation nécessaire pour être transformée en *actio exercitoria* et pro-duire sous cette qualification le même résultat que l'action directe.

Si au lieu d'un esclave le propriétaire du navire avait préposé un homme libre, l'emprunt que celui-ci contractait engendrait naturelle-

ment la *condictio*, mais elle ne pouvait être intentée que contre lui et
non contre le préposant ; il était en effet de principe en droit romain
que le mandataire ne représentait pas le mandant et que c'était celui-
là qui s'obligeait vis-à-vis des tiers qui était seul tenu de l'obligation
contractée. Mais ici le droit prétorién a fait encore fléchir les règles
du droit civil en considérant le préposé comme représentant jusqu'à
un certain point le préposant, et en donnant même, dans ce cas, l'*actio exercitoria* au prêteur à la grosse qui eut le choix d'agir directement contre le *magister navis* au moyen de la *condictio* ou d'intenter contre le préposant l'*actio exercitoria* comme s'il agissait d'un
contrat fait par un esclave (1).

D'après les principes du droit formulaire, il fallait que le remboursement se fit au lieu indiqué par la convention, le prêteur ne
pouvant intenter l'action que dans le lieu où le paiement devait être
fait et il fallait que le débiteur fut présent pour pouvoir être actionné. Si, par hasard, il était absent, le créancier se trouvait dans
l'impossibilité de le poursuivre et d'un autre côté s'il intentait son
action dans un lieu autre que celui convenu il s'exposait à perdre
son droit par suite de la *plus petio loco* (2).

Le droit prétorien vint encore ici au secours du créancier en mo-
difiant la formule de façon à rendre l'*intentio incerta* et l'action ar-
bitraire, c'était l'action de eo *quod certo loco*. A la suite de cette
modification, il fut possible aux juges de tenir compte de l'intérêt
que le débiteur dût avoir à payer dans le lieu convenu plutôt que
dans le lieu où il était poursuivi ; la légitimité de la demande étant
reconnue, il ordonnait au défendeur de fournir la satisfaction qui
devait amener son absolution et dans le prêt trajectice cette satisfaction consistait dans la garantie donnée au demandeur que le paiement serait fait au lieu convenu « *interdum judex qui ex hac ac-*

1. Inst. § 11, *Quod cum eo.*
2. Inst. § 33, *de act.*

L.   III

« *tione cognoscit, cum sit arbitraria, absolvere reum debet cau-*
« *tione ab eo exacta de pecunia ibi solvenda ubi promissa est* (1). »
La garantie étant refusée par le débiteur, le juge condamnait avec
un pouvoir très-étendu relativement à la condamnation, n'étant plus
enfermé dans les limites de la formule (2).

Enfin, il est bon de remarquer que la plus pétition disparut avec
l'*ordo judiciorum* et que sous Justinien le seul effet de la plus pétition
loco fut de donner au défendeur le droit de faire condamner le demandeur au triple du dommage qui lui avait été causé par l'exagéra-
tion de la demande.

1. L. 4, § 1 D. *de eo quod certo loco.*
2. L. 2, D. *eodem.*

DROIT FRANÇAIS

——

DES ASSURANCES SUR LA VIE

INTRODUCTION.

Au nombre des plus ingénieuses et des plus originales manifesta-
tions de l'activité humaine, figure ce véritable défi, jeté à la domi-
nation brutale et impérieuse de la nature, qui, sous le nom d'assurance permet à l'homme de regarder sans crainte un avenir mis à
l'abri des coups du hasard. C'est à notre siècle plein de sollicitude
pour tous ceux qui souffrent, dans lequel les faibles ont trouvé
d'éloquents défenseurs, qu'il appartient d'apprendre à l'ouvrier à
épargner les salaires péniblement acquis, à savoir résister à l'appât
des jouissances immédiates pour s'assurer des ressources qui lui
permettront de vivre avec indépendance lorsque ses forces épuisées
lui feront défaut, et mieux encore pour assurer des moyens d'existence à ceux qu'il aime lorsqu'il ne sera plus. C'est ainsi que
le citoyen est digne des droits qu'il réclame et des libertés qu'il
obtient. Le passé a appris à l'homme quels étaient ses droits, au
présent de lui parler de ses devoirs. Les salaires péniblement acquis
peuvent être trop modestes, mais que gagnerait l'ouvrier à leur
augmentation si sa prévoyante intelligence ne lui fait pas comprendre
la nécessité de l'économie? Aussi offrir à l'homme prudent qui veut

L.

user de l'épargne le moyen d'un concentrer toute la puissance vers un but déterminé, en renonçant à tous les avantages étrangers à ce but, telle est la grande utilité des assurances sur la vie.

Cette utilité attira l'étude des économistes et des publicistes et de nombreux ouvrages ont été écrits sur le rôle des assurances sur la vie au point de vue économique et social. Ce contrat n'étant pas législativement déterminé, les jurisconsultes ne se sont pas jusqu'alors occupés d'une façon spéciale des graves et difficiles questions que soulèvent chaque jour les diverses combinaisons de l'assurance sur la vie.

Dans une étude remarquable ayant obtenu la grande médaille d'or en 1869 au concours de doctorat de la Faculté de droit de Paris, M. de Montluc a cherché à déterminer les rapports des assurances sur la vie avec les principes du droit civil, du droit commercial et des lois de l'enregistrement; prenant pour base les travaux de notre savant devancier nous avons cherché à réfuter une partie de ses théories à l'aide des monuments de jurisprudence et à établir une doctrine sur cette matière en exposant les systèmes des diverses décisions judiciaires et en indiquant celle qui nous paraissait la plus juridique; nous avons également indiqué dans notre étude les théories qui auraient pu être exposées sur les questions spéciales soit dans les revues de législation, soit devant les tribunaux.

CHAPITRE PREMIER

L'assurance est une convention intervenant entre deux parties, dont l'une veut toucher une prime et l'autre s'affranchir des caprices de la fortune. La prime à acquérir d'une part et le risque à éviter de l'autre, tel est le but du contrat.

Pendant longtemps les anciens docteurs ont recherché sa nature et son véritable caractère. Désireux de trouver dans le droit Romain une base à leurs argumentations ils ont interrogé le vieux droit Quiritaire, le droit Prétorien et cherché une forme de contrat pouvant avoir quelqu'analogie avec l'assurance. Les uns soutenaient que c'était un pacte ou un contrat innomé, les autres n'y voyaient qu'une simple gageure, d'autres enfin y ont vu un contrat de louage, de société ou de mandat ; pour la rote de Gènes c'était une vente et pour Pardessus un contrat de garantie.

Quant à nous, nous voyons dans l'assurance un contrat tout spécial, qui régi par des principes lui appartenant a, suivant l'expression d'Emérigon, été créé par la nature des choses. Si nous l'analysons juridiquement nous reconnaissons qu'il est : *synallagmatique, aléatoire, consensuel, à titre onéreux, de droit étroit et du droit des gens.*

L'assurance est un contrat *synallagmatique* puisque conformément à l'article 1102 du C. civ. il fait naître deux obligations principales et corrélatives dont l'une est la cause de l'autre. L'assureur s'oblige envers l'assuré à le garantir et à l'indemniser des pertes provenant de la réalisation du risque, et l'assuré s'oblige envers l'assureur à payer le prix des risques représenté par la prime convenue.

Aléatoire, puisque le principal effet du contrat, l'avantage ou la perte pour l'une ou l'autre des parties, dépend du sinistre, évènement incertain, art. 2264 Code civ.

Consensuel, puisqu'il reçoit sa perfection par le seul consentement des parties.

A titre onéreux, étant intéressé des deux côtés et chacun des contractants se proposant son propre intérêt, on peut le ramener à ces deux termes : *do ut des*.

De droit étroit, quoique l'article 1134 du Code civil n'ait pas reproduit l'ancienne terminologie romaine des contrats *stricti juris* et *bonæ fidei*, nous croyons devoir cependant lui reconnaître ce caractère, sous aucun prétexte d'analogie ou d'équité un risque ne pouvant être étendu d'un cas à un autre et les termes mêmes du contrat devant fixer l'étendue des droits et des obligations.

Du droit des gens, son existence et sa validité sont intrinsèques, dit Boudousquié, ne s'appuyant pas sur les dispositions spéciales de la loi civile, mais puisant leur être dans les lois générales données par la raison à tous les hommes.

La définition et la nature du contrat d'assurances étant posée, nous reconnaissons que son principal caractère, caractère qui domine toute cette matière, est d'être un contrat *d'indemnité*. Aussi quel que soit l'objet du contrat l'assuré ne doit jamais y trouver une source de gain vis-à-vis de l'assureur mais seulement un moyen de réparer une perte ou un dommage éprouvé; l'assuré doit dès lors toujours avoir un intérêt à la conservation de l'objet assuré et c'est la perte seule de cet objet, qui donnera ouverture à son droit.

Ce caractère sert de *criterium* pour distinguer ce contrat de combinaisons avec lesquelles on a voulu le confondre; de la loterie, par exemple, si en honneur chez nos voisins les Italiens et les Espagnols, opération ayant beaucoup d'analogie avec le contrat d'assurances, mais dont le résultat n'est pas le même. Dans les deux opérations, les causes efficientes sont semblables, une prime; mais il en est autrement des causes finales. Dans la loterie, le but du contrat est un bénéfice; dans l'assurance, au contraire, c'est la réparation d'un dommage. Dans l'une, un moyen de s'enrichir; dans l'autre, un moyen de ne pas s'appauvrir. Dans la loterie, le mobile est de mettre de l'aléa où le cours naturel des choses n'en a pas mis; dans l'assurance, au contraire, le principe dominant est de supprimer l'aléa là où il existe. L'un a pour but de détruire l'ordre, l'autre de le rétablir.

Le contrat d'assurance, en général, a donc pour caractère d'être un contrat aléatoire, ayant pour objet un risque et dans lequel une partie promet à une autre en échange d'une obligation conditionnelle, qui, par sa réalisation, doit être une cause d'appauvrissement pour elle, le paiement d'une somme déterminée.

Il suit de là qu'indépendamment du consentement des parties contractantes il est trois conditions nécessaires à l'existence de l'assurance.

1° Un objet susceptible d'être assuré.

2° Un intérêt réel à la conservation de cet objet.

3° Un risque auquel il est exposé.

4° Une prime déterminée d'après les risques combinés avec la nature de l'objet assuré.

CHAPITRE II

Sachant ce qu'est une assurance en général, connaissant sa nature et ses caractères, il importe que nous recherchions si l'assurance sur la vie peut rentrer dans cette sorte de contrat.

Le contrat d'assurance sur la vie ayant revêtu deux types distincts, nous aurons à en donner deux définitions et à indiquer, dans les deux cas, quelle est sa nature et ses caractères juridiques.

> 1° *Assurance en cas de vie.*
> 2° *Assurance en cas de décès.*

1° *L'assurance en cas de vie* est celle qui renferme l'obligation prise par l'assureur, moyennant le versement d'un capital ou d'une prestation périodique, de verser une somme à une personne déterminée, si à telle époque elle est encore en vie. Cette combinaison affecte diverses modalités.

2° Dans *l'assurance en cas de décès*, au contraire, la somme doit être remise à un bénéficiaire désigné lors de la mort de l'assuré.

SECTION PREMIÈRE

De l'assurance en cas de vie.

L'assurance en cas de vie est une convention par laquelle l'assureur, moyennant le versement d'une prime par l'assuré, s'engage à payer une somme déterminée à l'assuré s'il est encore en vie à une certaine époque.

Les assurances en cas de vie se distinguent d'après la terminologie usitée par les compagnies en :

1° *Assurances à capital différé.* — Lorsque la somme stipulée, payable à l'assuré, consiste en un capital.

2° *Assurances d'annuités différées.* — Lorsque la somme stipulée payable à l'assuré consiste en une rente viagère. Dans ce cas, l'assuré convertit en une annuité le capital qui aurait dû lui être versé à une époque déterminée s'il eût encore existé.

Au point de vue juridique, ces deux combinaisons se confondent ; car, que le capital dû par l'assureur soit versé en une fois ou par annuités, la nature du contrat ne saurait changer avec le mode de paiement.

Quelle est la nature juridique du contrat d'assurances en cas de vie?

A. — La plupart des auteurs qui se sont posé cette question ont affirmé que c'était une véritable assurance sans présenter d'arguments à l'appui de leur affirmation et sans répondre aux objections qui pourraient leur être faites (1). Cependant M. de Montluc, l'un des défenseurs les plus ardents de cette théorie, a tenu à honneur de justifier son système. L'idée corrélative d'*indemnité*, qui est le caractère dominant dans l'assurance, étant celle de *préjudice*, il fallait établir qu'il existait un préjudice auquel l'assuré d'un capital différé dût faire face ; ce préjudice, M. de Montluc prétend l'avoir trouvé. Pour mieux apprécier le système qu'il défend, citons ses propres expressions (2) : « *La continuation de la vie sur laquelle* « *le contrat repose, est l'occasion d'une lourde charge pour notre*

---

1. MM. Persil, Bravard-Veyrières, *Manuel de droit com.*; Merger, *des Ass. terrestres.* Devilleneuve et Massé, *Dict. du cont. com.*; Pouget, *Dict. des ass.*

2. M. de Montluc, p. 31, *des Ass. sur la vie comp. de cme.* Faculté de Paris.

« *patrimoine. L'un de ces tributs, comme nous n'en avons à*
« *payer que dans de rares et graves circonstances de la vie: payer*
« *les frais énormes de l'éducation de nos enfants, les établir, doter*
« *une fille, racheter un fils de la conscription; voilà qui est im-*
« *portant, voilà qui est considérable, voilà qui peut être raison-*
« *nablement assimilé à une perte effective pour notre patrimoine;*
« *eh bien ! je dis que si cette échéance, qui peut ne pas se présenter*
« *arrive, la nécessité d'y faire face est bien pour nous l'occasion*
« *d'un préjudice parfaitement clair et par conséquent, susceptible*
« *de former l'élément d'un risque; lors donc que j'aurai fait*
« *un contrat qui me met à l'abri de ce préjudice, je n'aurai fait*
« *autre chose que contracter une véritable assurance.* »

B. — Nous pensons au contraire, que l'assurance en cas de vie
n'ayant pas les caractères que nous avons reconnus dans l'assurance
en général, n'est pas une véritable assurance.

Il est d'abord une concession que nous pouvons faire à M. de
Montluc sans craindre de nous compromettre; nous reconnaissons
avec lui que les frais d'éducation de nos enfants, la dot d'une fille,
sont des charges et souvent des charges fort lourdes pour notre patrimoine, mais ce que nous nions, c'est que ces charges constituent
un risque auquel l'assurance différée doive faire face.

En effet, l'assurance doit rétablir l'équilibre dans notre patrimoine,
et combler la diminution qu'il aura pu subir ; le sinistre se réalisant,
la condition de l'obligation de l'assureur est accomplie, et ce dernier
doit réparer le préjudice causé.

Or, si l'assuré est décédé, l'assureur aura été libéré *hic et nunc*,
au moment de la mort de l'obligation contractée, et n'aura pas à
réparer le préjudice causé par les événements ultérieurs.

D'ailleurs la base même de l'argumentation est des plus défec-
tueuses, et il suffit de l'indiquer pour faire juger le système. Le sinistre contre lequel on voudrait se prémunir c'est la vie, puisque,
quelles que soient les charges postérieures qui viennent grever le

patrimoine de l'assuré s'il est mort il n'est rien dû par l'assureur pour la réparation du patrimoine diminué ; on en arrive donc à *s'assurer dans la crainte de vivre trop longtemps.*

Mais si l'assurance en cas de vie est un contrat d'assurances, il faut dire que le contrat de rente viagère l'est également ; car le crédit rentier cherche en aliénant une partie de son capital à se créer un revenu suffisant, pour faire face aux dépenses que lui occasionnerait la vie prolongée au-delà d'un certain âge.

Personne n'a jamais osé soutenir un semblable système, et M. de Montluc lui-même le repousse énergiquement, et se trouve ainsi en contradiction évidente avec sa propre théorie.

Ainsi pour nous, le contrat d'assurance en cas de vie n'a pas les caractères du contrat d'assurance tels que nous les avons exposés dans notre chapitre premier, parce que :

1° Il ne couvre pas un risque ;

2° Il n'est pas un contrat d'indemnité.

Pour nous, et nous pouvons invoquer l'autorité de M. Alauzet (1), cette convention est un contrat *aléatoire, innomé, sui generis,* se distinguant à la fois, et des assurances et du contrat de rente viagère avec lequel cependant il présente une certaine analogie.

Dans le contrat de rente viagère, le crédit rentier verse le plus souvent un capital unique en échange duquel il touche des arrérages ; mais ce n'est pas là une condition essentielle à la validité du contrat et l'on peut sans peine comprendre que le crédit rentier verse son capital en plusieurs fois, à des époques déterminées, pour ne recueillir d'arrérages qu'à un moment convenu. Or, les choses ne se passent pas autrement dans l'assurance en cas de vie, le stipulant aliène un capital soit le jour du contrat, soit au moyen de prestations périodiques, puis s'il est encore vivant à l'époque fixée par la stipulation le promettant lui doit une certaine somme supérieure au capital versé ;

1. Alauzet. *Des ass.*, t. II, 177, 540, sq.

car « ce qui manque à ses versements à lui pour constituer le produit
« attendu, s'y trouve apporté par l'abandon de ceux qui, dans les
« mêmes conditions, sont décédés avant le terme (1). »

Ce qui distingue le contrat de rente viagère du contrat d'assurance d'un capital différé c'est que dans l'un c'est le capital que l'on
veut augmenter, tandisque dans l'autre ce sont les revenus. Les deux
contrats ont des points de similitude, mais ne doivent pas être
confondus.

Le contrat d'assurances en cas de vie, sauf la question relative à sa
nature juridique soulève peu de difficultés. L'on a bien, il est vrai,
cherché à critiquer sa validité, mais sans aucun succès ; car n'étant
pas contraire à l'ordre public et aux bonnes mœurs il est un acte
de sage prévoyance au profit de l'avenir et un arrêté du conseil du
roi de 1788 l'avait expressément permis. Il est d'ailleurs aussi légal
que les autres contrats aléatoires et que la rente viagère en particulier dont il n'est que l'image retournée.

En présence du peu d'intérêt de cette combinaison des assurances
sur la vie nous l'abandonnons pour ne nous occuper que de l'assurance en cas de décès, sur laquelle va exclusivement porter notre
étude, comme étant l'opération la plus usitée (2).

SECTION II.

De l'assurance en cas de décès.

Nous allons, comme nous l'avons fait pour l'assurance en cas de
vie, nous efforcer de donner une définition de cette combinaison de
l'assurance sur la vie, combinaison qui, suivant l'expression de

1. M. E. Dehais, De l'ass. sur la vie en France, p. 18.
2. M. de Courcy, Ass. et loterie, p. 11.

M. de Courcy, « est l'institution elle-même », et nous rechercherons ensuite sa nature juridique, puis ses diverses formes.

Qu'est-ce que l'assurance en cas de décès ?

L'assurance en cas de décès est un contrat par lequel un assureur s'engage envers un stipulant, moyennant le versement par celui-ci de primes déterminées, à verser à un bénéficiaire un capital lors du décès de l'assuré.

Lorsque nous étudierons la capacité des parties contractantes, nous verrons quel est le rôle de ces divers personnages, *stipulant*, *assureur*, *assuré* et *bénéficiaire*, rôle qui peut, comme nous l'indiquerons, être cumulé par les mêmes personnes.

Comme l'assurance en cas de vie, l'assurance en cas de décès se divise, d'après la terminologie usitée par les compagnies, en :

1° *Assurances pour la vie entière ;*
2° *Assurances temporaires ;*
3° *Assurances de survie ;*
4° *Assurances mixtes ;*   .
5° *Contre-assurances.*

1° Dans l'assurance, pour la vie entière, le capital est payable au bénéficiaire lors du décès de l'assuré. Elle peut être contractée sur plusieurs têtes au premier ou au dernier décès, et dès lors, elle est due, suivant la stipulation, au survivant des deux assurés ou aux héritiers du dernier mourant.

Cette combinaison doit-elle être rangée dans les contrats aléatoires ? N'est-elle pas bien plutôt un contrat anti-aléatoire puisque les deux obligations doivent se réaliser ?

A. — Un premier système soutient qu'il n'y a pas d'aléa relativement à l'obligation de l'assureur, qui devra toujours s'exécuter quoi qu'il arrive, et que le terme seul étant incertain, c'est un jeu où les chances ne sont pas égales.

Partant de cette considération, on en arrive à chercher à expliquer les dispositions prohibitives de l'ordonnance de 1681, et du Code Suédois de 1666.

D'ailleurs, ajoute-t-on, l'article 302 du Code Hollandais, défendant l'assurance si elle n'est pas contractée pour un temps limité découle de ce principe.

B. — Le second système présenté par Z. Bunyon dans un ouvrage ayant pour titre : *The law of life Insurance*, (*part. I. C. 4°*), répond à l'objection, en montrant que, même au point de vue de l'incertitude de l'évènement destiné à rendre la dette de l'assureur exigible, on peut voir dans l'assurance un véritable contrat aléatoire.

En effet, dit le jurisconsulte Anglais, l'aléa réside pour les assureurs dans les chances qu'ils courent de payer ou de ne pas payer la somme promise à chacun des instants de raison de l'existence de l'assuré. C'est d'après ces chances qu'ils calculent le montant de la prime à exiger.

Au point de vue métaphysique le raisonnement de J. Bunyon est rigoureusement exact, mais ici ce n'est pas de la philosophie que nous avons à faire c'est du droit, aussi nous allons nous efforcer d'appuyer cet argument philosophique de principes plus pratiques et plus juridiques.

Reconnaissons dès maintenant que le code civil contient deux définitions du contrat aléatoire qui, à première vue, semblent nous donner tort.

L'article 1102 s'exprime en ces termes : « *Le contrat est aléatoire* « *lorsque l'équivalent consiste dans la chance de gain ou de perte* « *pour chacune des parties d'après un évènement incertain.* »

L'article 1964 dit que le contrat aléatoire est : « *Une convention* « *réciproque dont les effets quant aux avantages et aux pertes, soit* « *pour toutes les parties, soit pour une ou plusieurs d'entre elles,* « *dépendent d'un évènement incertain.* »

Ces deux textes paraissent se contredire, l'un déclare que la chance de gain peut n'exister que pour l'une des parties, tandis que l'autre indique que les chances de gain ou de perte existent pour les deux parties. Il est impossible de comprendre qu'un contrat ait un caractère aléatoire pour l'une des parties sans avoir pour l'autre le même caractère ; que ce qui fera la bonne chance de l'une ne fasse pas la mauvaise de l'autre, aussi doit-on reconnaître que le législateur a commis une erreur évidente. Aussi laissant de côté ces textes nous allons nous efforcer de montrer l'aléa qui existe dans notre contrat.

En s'obligeant l'une envers l'autre les parties courent la chance de gagner ou de perdre soit sur le montant des primes à fournir par le stipulant à l'assureur, soit sur l'événement dont la réalisation permettra de réclamer le capital.

L'aléa existe donc pour chacun des contractants; seulement le gain à réaliser ou la perte à subir seront plus ou moins considérables selon que l'incertitude portera sur le montant de l'équivalent à donner, ou au contraire sur l'existence même de l'obligation de donner cet équivalent.

L'assurance en cas de décès sur la vie entière est donc un contrat aléatoire et le contrat de rente viagère classé dans le code civil au nombre des contrats aléatoires est d'ailleurs, comme celui-ci, basé sur un événement prévu dans sa réalisation (1).

2° L'assurance temporaire est celle qui est limitée à un certain nombre d'années ; si l'assuré meurt pendant le temps indiqué l'assureur paie la somme assurée ; s'il survit l'assureur n'a rien à payer, et les primes versées lui demeurent acquises.

Ces assurances limitées à quelques années servent surtout à garantir les créances, emprunts, placements, etc.

Ce genre d'assurance est très-usité en Angleterre et le *Railroad occidental assurance company* moyennant une prime insignifiante délivre dans les gares de chemins de fer des billets dits de sûreté, qui ne sont autres que l'assurance temporaire des voyageurs pour la durée du voyage.

1. M. de Montluc, Des ass., pag. 88.

3° L'assurance de survie est un contrat par lequel l'assureur s'engage à payer un capital ou à servir une rente à un bénéficiaire, mais seulement dans le cas où celui-ci survivrait à l'assuré.

4° L'assurance mixte est à la fois une assurance en cas de décès et une assurance en cas de vie ; cette opération donne en effet au stipulant le moyen de créer un capital déterminé payable à lui-même après un certain nombre d'années, ou à ses héritiers s'il meurt avant l'époque indiquée au contrat.

Elle se décompose donc en deux assurances :

1° Assurance temporaire en cas de mort de l'assuré et au profit de ses héritiers ;

2° Assurance différée au profit personnel de l'assuré en cas de vie.

5° Dans la contre-assurance moyennant une prime déterminée l'assureur rembourse à la personne désignée, en cas de décès de l'assuré, le montant des sommes versées. Si l'assuré survit au terme fixé par le contrat, l'assureur garde la contre-assurance.

Cette opération a pour but de parer à l'inconvénient de l'assurance en cas de vie où l'assuré court le risque de ne rien recevoir s'il meurt avant le terme fixé par le contrat.

La contre-assurance peut se faire par un contrat distinct de l'opération primitive, et alors elle conserve son caractère d'assurance proprement dite, que les deux conventions soient passées avec la même compagnie ou avec des compagnies différentes. Mais dans le cas où l'*assurance est combinée*, c'est-à-dire où les deux opérations sont réunies en une seule, cette opération perd son individualité et se transforme en un contrat *sui generis* ne participant que subsidiairement de l'assurance en cas de décès.

Les deux risques étant couverts par la même compagnie on se demande au premier abord comment il est possible qu'elle puisse contracter un semblable contrat sans être certaine de perdre. Comment, elle s'engage d'un côté, si tel évènement arrive, à payer un capital de beaucoup supérieur à la prime versée et d'un autre dans

le cas où l'évènement n'aurait pas lieu à rembourser les primes
payées. — Cette perte pour la compagnie n'est qu'apparente ; en
effet, elle perdra si le capital à payer par elle est supérieur à la
somme des primes, intérêts compris, mais elle fera un bénéfice si elle
n'a à payer que les primes versées, puisqu'elle aura pu en toucher
les intérêts est qu'elle aura encore à ajouter à cette source de gain
le montant des primes de la contre-assurance. Dans ce cas donc la
perte sera pour le stipulant et non pour l'assuré. Il arrivera même
fréquemment que dans la première hypothèse la compagnie ne se
trouvera pas en perte, les primes et leurs intérêts ayant suffi à com-
poser le capital assuré.

Ces diverses combinaisons du contrat d'assurance en cas de décès
sont évidemment des contrats aléatoires comme l'assurance pour la
vie entière ; ce caractère est même quelquefois bien plus accusé,
l'obligation de l'assureur étant souvent incertaine quant à son existence même.

Ces principes posés, et connaissant les diverses combinaisons des
assurances en cas de décès, il importe que nous recherchions la
nature juridique de ce contrat, qui a fait naître une grave controverse. Trois systèmes sont en présence.

A. — D'après M. de Montluc, l'un des plus ardents défenseurs du
premier système, l'assurance en cas de décès n'est autre chose qu'un
contrat d'assurances, c'est-à-dire un contrat d'indemnité et il s'appuie pour le prouver sur les arguments suivants :

a. — Une simple expectative réelle et bien fondée suffit pour que
l'on cherche à se garantir contre sa perte, et il est faux de dire qu'il
n'y ait que les droits acquis qui soient susceptibles d'une assurance
véritable. Si l'assuré touche quelque chose de plus que l'indemnité
de perte proprement dite, cet excédant qui représente le bénéfice es-
péré de l'opération n'est pas un bénéfice résultant du contrat d'assurances, mais quelque chose qui figurera dans son patrimoine, à supposer les risques écartés ; ayant un intérêt légitime à stipuler qu'en

cas de réalisation légitime des risques, mon patrimoine ne soit pas moindre qu'il ne l'eût été dans le cas contraire.

b. — C'est aux Anglais que nous avons emprunté l'assurance sur la vie ; or, il est à supposer que c'est telle qu'elle était au pays d'origine qu'elle a été introduite chez nous et il y avait, antérieurement à la création de nos premières compagnies, un texte de loi précis St. XIV, Georges III, chap. XLVIII, qui ne reconnaissait l'assurance sur la vie qu'à la condition d'y trouver un contrat d'indemnité. Et Arnould dans un ouvrage intitulé : *On Insurance* disait que de simples expectatives, jointes à des titres « actuellement existants, formaient un intérêt suffisant pour fonder une assurance. »

Ces principes étant posés et faisant de ce contrat, un contrat *de damno vitando*, M. de Montluc en tire rigoureusement les conséquences qui nous serviront d'argument contre le système lui-même, et qui tendent à déclarer nulle l'assurance d'une tête à la conservation de laquelle on n'a pas d'intérêt. On ne peut davantage, dit-il, se faire assurer pour plus que sa valeur effective et lorsqu'on a assuré *son plein* on ne peut pas passer de nouveaux contrats.

c. — Ce système compte de nombreux et illustres défenseurs ; c'est Pardessus qui fait de l'assurance en cas de décès une variété des assurances terrestres ; Troplong, qui déclare que son but est de préserver les personnes survivantes des dommages que le décès du stipulant pourrait leur occasionner; MM. Pont, Bravard, Demangeat et Dalloz qui reproduisent les opinions de Pardessus et de Troplong (1).

B. — Le second système voit dans l'assurance en cas de décès un contrat aléatoire innomé *sui generis* renfermant deux contrats:

1° Contrat principal, placement aléatoire ;

2° Contrat accessoire, assurance.

1° Le capital est formé des intérêts capitalisés, à un certain taux, des

_ 1. Comp. Dalloz, des ass. terrestr. n° 312. — Pont, cont. aléat. n° 587. — Troplong, contrat aléat. n° 154 et 165. — Toullier, t. VI, n° 162. — M. de Montluc, *op. cit.* p. 144.

versements effectués par l'assuré et des chances do mortalité à raison
de son âge.

2° La prime, en sus des sommes destinées à la production du capital
déterminé, contient une valeur destinée à couvrir un risque, qui est
la mort de l'assuré.

M. V. Senès ayant exposé ce système dans le *Moniteur des Assurances*, année 1872, nous no pouvons mieux faire que de lui laisser
la parole : « Supposons, dit-il, qu'un père de famille âgé de 30 ans
« veuille former un capital de 10,000 fr. pour qu'il soit remis à ses
« héritiers aussitôt après sa mort. Il a à sa disposition une somme de
« 3334 fr., et il propose à l'assureur de la lui remettre, en échange
« de sa promesse de payer après son décès le capital de 10,000 fr. à
« ses héritiers.

« L'assureur lui tiendra le raisonnement suivant : Je prendrais
« bien vos 3334 fr. et je sais qu'en les faisant valoir à intérêts com-
« posés sur le pied de 4 0/0 l'an, j'obtiendrai 10,000 fr. au bout de
« vingt-huit ans. Si votre mort survenait après cette époque, j'au-
« rais donc tout intérêt à accepter l'opération que vous me proposez
« puisque je bénéficierais de l'intérêt de la somme de 10,000 fr.
« depuis la 28° année, et ce risque d'après, la table de mortalité de
« Duvillard, est de 48 0/0, c'est-à-dire que sur 100 personnes de votre
« âge, il n'en vivra que 52 dans 28 ans. Or, si vous êtes compris dans les
« 48 décédés la somme formée avec la capitalisation des intérêts sera
« insuffisante ; ce n'est pas 10,000 fr. que j'aurai constitué avec vos
« 3334 fr. ce sera 9,000, 8,000, peut-être 4,000 seulement. Je cours
« donc un risque, celui de no pas voir arriver mon opération finan-
« cière au terme voulu, d'être obligé de vous compléter les 10,000 fr.
« et par suite do perdre l'écart qui existera entre le capital réelle-
« ment obtenu au moment du décès et celui que j'aurais promis de
« compter à vos héritiers. Or, je ne fais pas une seule opération de
« ce genre. Si j'ai cent clients m'offrant cette même opération
« financière, il faut que chacun d'eux me paie un supplément, l'en-

L.   2

« semblé de ces suppléments me sert à combler les vides que ma caisse
« me présente pour les capitaux que j'ai à payer avant l'expiration
« des vingt-huit ans. J'ai fait avec soin le calcul de ces suppléments :
« ils doivent, non-seulement compenser les vides produits par les
« morts prématurées, mais encore payer mes frais et me fournir le
« bénéfice de mon industrie. Si vous voulez me payer un supplé-
« ment de ce genre en sus des 3334 fr. que vous m'offrez, je consens
« à me charger à forfait du risque menaçant l'opération financière
« que vous me proposez. Et c'est ainsi que la prime de 3334 fr. de-
« vient suivant les tarifs des Compagnies de 3991 fr. soit 657 fr. de
« plus que celle nécessaire pour former le capital de 10,000 fr. par
« la seule puissance de l'intérêt composé au bout de 28 ans. »

Cette forme saisissante d'exposer ce système nous laisse voir deux
sommes distinctes dans la prime :

1° Un versement placé à intérêts composés;

2° Un supplément destiné à couvrir le risque auquel est exposée
l'opération financière.

C. — Ne partageant pas les doctrines que nous venons d'exposer et
considérant que la détermination de la nature juridique du contrat d'assurance en cas de décès est le point capital de notre étude, puisque
suivant que nous adopterons tel ou tel principe nous serons forcé par
la suite d'en tirer toutes ses conséquences quelque rigoureuses
qu'elles pourraient paraître, nous allons nous efforcer de réfuter les
arguments qui nous sont opposés.

D'abord nous ferons observer que M. de Montluc dans le premier
système n'envisageant le contrat que dans l'hypothèse spéciale d'un
père de famille, on est captivé au premier abord par son ingénieux
raisonnement et lorsqu'on l'a lu on reconnaît avec lui qu'on est bien
en présence d'un contrat d'indemnité, d'un contrat *de damno vitando*. Mais, il est nécessaire de regarder au-delà de cette hypothèse et
de prendre l'assurance sur la vie telle qu'elle existe et est pratiquée
de nos jours en France, pour rechercher sa véritable nature juridique

et non pas de rejeter comme illicites des conventions qui, sanctionnées par de nombreux arrêts, sont chaque jour plus nombreuses. Il
ne faut pas, avec M. Merger (1), déserter le débat mais rechercher cou-
rageusement quel est le contrat en présence duquel nous nous trouvons.

a. — Nous pensons que le premier système se trompe sur *l'objet*
même du contrat, qui pour lui, dans l'assurance en cas de décès, est
la vie.

Qu'est-ce que l'objet du contrat?

C'est ce à quoi on s'oblige. L'article 1101 du Code civ. s'exprime
en effet ainsi :

« Le contrat est une convention par laquelle une ou plusieurs per-
« sonnes *s'obligent* envers une ou plusieurs autres *à donner, à faire*
« *ou à ne pas faire quelque chose* » (comp. art. 1129 et 1130 c. civ.).

Et l'article 1126 au même Code :

« Tout contrat *a pour objet une chose* qu'une partie s'oblige à
« *donner* ou qu'une partie s'oblige *à faire ou à ne pas faire*. »

Dans le contrat d'assurances en cas de décès à quoi s'obligent les
parties ?

L'une à payer un capital à une époque indéterminée et l'autre à
verser des primes. Le contrat a donc deux objets : le capital, objet de
l'obligation de l'assureur et les primes, objet de l'obligation du stipulant (2).

Que devient la vie dont le premier système fait l'objet du contrat?
Elle n'est plus que le terme de la convention.

Aussi pouvons-nous formuler le contrat d'assurances en cas de décès par l'hypothèse suivante :

Primus a contracté avec *Secundus* une obligation ayant pour *objet
un capital dont le terme d'exigibilité est fixé au décès de Primus*,
qui jusqu'à cette époque servira à *Secundus une rente déterminée* (la
prime).

1. Merger, des *Ass. terrestres*.
2. M. Demolombe, des contrats, t. 1 n° 300.

b.—Ayant ainsi décomposé notre contrat, à nous de rechercher s'il répond aux caractères que nous avons rencontrés, au commencement de cette étude, dans l'assurance ordinaire. L'une des conditions essentielles à la validité du contrat d'assurance est, avons-nous dit, l'existence d'une chose à la conservation de laquelle on est intéressé (comp. page 3). Partant des prémisses que nous avons posées et sachant que l'objet du contrat dans l'assurance en cas de décès est le capital et non la vie, pouvons-nous dire que cette convention est une assurance ? Assurément non. En effet, il n'est pas possible de soutenir que j'aie pu faire assurer un capital qui n'existait pas pour moi, sur lequel je n'avais aucun droit et à la conservation duquel je ne saurais dès lors avoir le moindre intérêt.

c. — Dans l'assurance ordinaire l'obligation de l'assureur est conditionnelle ; peut-être cette obligation naîtra-t-elle, peut-être ne naîtra-t-elle pas, suivant que le risque se réalisera ou ne se réalisera pas. Dans l'assurance en cas de décès au contraire l'obligation de l'assureur se réalisera certainement, elle n'est incertaine que dans son échéance ; en un mot elle est à terme tandis que pour être en présence d'une véritable assurance il faudrait que l'obligation de l'assureur soit conditionnelle.

d. — Enfin dans les assurances ordinaires ce sont les chances de risques combinés avec la valeur de l'objet que l'on veut assurer qui servent de base à la détermination de la prime. Dans l'assurance en cas de décès il en est tout autrement le quotient de la prime étant déterminé à l'avance d'après l'âge de l'assuré. C'est au moyen de ce quotient, connu par les tableaux des compagnies et combiné avec la somme que le souscripteur entend stipuler, que les parties contractantes fixent le montant de la prime à payer.

— Ces principes posés et les différences existant entre l'assurance en cas de décès et l'assurance ordinaire nous sommes obligés de reconnaître qu'il n'a de l'assurance que le nom et que c'est un contrat, *aléatoire, innomé, synallagmatique, à titre onéreux* par *lequel une personne s'engage moyennant une prime acquittée en une seule fois ou divisée en prestations périodiques à payer à un bénéficiaire, soit un capital déterminé, soit des annuités à la mort de l'individu dont la vie est assurée, quand l'assurance est faite pour la vie entière, ou si son décès arrive dans une certaine période, lorsque l'assurance est faite seulement pour un temps limité.*

C'est ainsi que la Cour de Paris avait qualifié l'assurance en cas de décès, dans un arrêt infirmatif du 15 décembre 1830, de contrat commutatif *do ut des,* aussi licite que la rente viagère (1).

e. — Partant de ces principes, nous repoussons les conséquences de la première théorie, et nous regardons comme valable l'assurance en cas de décès au profit d'un tiers, et l'assurance souscrite sur la tête d'un individu déjà assuré. — La vie n'étant plus l'objet de l'assurance, mais seulement le terme du contrat, on peut prendre la vie de tout individu comme terme du contrat.

Dès lors les critiques adressées au premier système par M. Leveillé, professeur agrégé de la Faculté de Droit de Paris, dans le rapport sur la composition de M. de Montluc, à la suite du concours de doctorat, ne sauraient être applicables à notre théorie :

« Si les doctrines du lauréat triomphaient, dit-il, combien serait « entravé l'essor des assurances! L'assurance souscrite pour au- « trui, l'auteur la prohibe. L'assurance passée au profit de nos ayant- « droits, mais pour une somme excédant une valeur réelle, l'auteur « la réduit. Cette dernière solution à elle seule tuerait à bref délai « les Compagnies. Quoi! l'échéance du paiement venu, la Compa- « gnie pourrait, sous prétexte qu'il y a eu excès dans le capital sti- « pulé, déchirer la police qu'elle a signée, parce que je me suis estimé « trop, lorsque j'ai fait un contrat, alimenté par moi durant des « années, il s'évanouirait à l'heure tardive de la liquidation, aux « mains de ma veuve, aux mains de mes enfants! Si une telle sur-

1. D. P., 1831, 2, 359.

« prise était possible, pas un homme sensé ne pratiquerait l'assu-
« rance en cas de décès, l'assurance deviendrait une déception, un
« piége d'outre-tombe. »

Section III

L'assurance sur la vie n'est pas un contrat d'assurance.

(Voir pour la discussion les deux sections précédentes).

Dans les deux sections précédentes nous avons indiqué les caractères des deux grandes combinaisons de l'assurance sur la vie, assurance en cas de vie, assurance en cas de décès ; nous avons déterminé la nature juridique de ces deux contrats et dans aucun d'eux
nous n'avons trouvé les caractères afférents au contrat d'assurance
ordinaire.

Il est vrai de dire que quelques-unes des combinaisons de l'assurance sur la vie pourraient ressembler à un véritable contrat d'assurance, mais, étudiant la nature juridique d'une convention, ce n'est
pas seulement l'une des combinaisons qu'elle affecte qui doit nous
servir de type, mais bien la réunion des modes sous lesquels elle se
présente à nous.

Aussi, ayant établi que ni dans l'une ni dans l'autre des deux
combinaisons nous ne pouvions rencontrer les caractères essentiels à
l'existence d'un contrat d'assurance, nous sommes obligé de conclure que la convention qui fait l'objet de notre étude est un contrat
n'ayant de l'assurance que le nom et qui a pour caractères juridiques
d'être :

Un *contrat synallagmatique*, les parties s'obligeant réciproque-
ment ;

A titre onéreux, chacune des parties étant tenue à une prestation ;

Aléatoire, les chances de gain ou de perte étant attachées aux résultats des obligations des parties ;

Innomé, régi par les règles générales des contrats et obligations (1) ;

Et rentrant, comme le louage, la société, le mandat, le prêt, etc., dans *le droit des gens* dont notre civilisation moderne a éloigné les barrières.

Reflet des idées généreuses et philanthropiques dont furent passionnés le xviii° siècle et la Révolution de 1789 ; notre droit accorde, en effet, une large hospitalité à tous les intérêts respectables, et il est vrai de dire qu'il n'y a plus de frontières dans le champ des rapports internationaux. Aussi, le contrat d'assurance sur la vie applicable à tous les hommes pourra être invoqué par tous et aura sa sanction civile dans nos lois.

1. Demolombe. *Des contrats*, t. I, n. 20.

CHAPITRE II

Ayant cherché à établir dans le chapitre précédent que le contrat
d'assurance en cas de vie, tel qu'il est pratiqué en France, n'est pas
une assurance proprement dite, mais un contrat innomé ayant un
caractère spécial, un contrat *do ut des, facio ut facias*, comme aurait
dit le droit romain, il importe que nous recherchions la légalité d'une
convention qui, dès lors, n'a pas pu être comprise par le législateur
dans l'énumération de l'article 1964 du Code civil.

Son caractère licite étant établi, nous rechercherons son origine et
nous suivrons sa trace jusqu'à nos jours.

SECTION I

Légalité des assurances sur la vie

Le contrat d'assurance sur la vie est-il licite ? Nous le soutenons,
d'autres le nient. A l'appui de leur système ils invoquent :

A. — *a. L'ancien droit.* — Colbert, dans l'ordonnance de 1681
sur la marine, défendait de faire assurer sur la vie des hommes, se
conformant à la prohibition de 1589 contenue dans le « Guidon de la
mer » qui regardait de semblables conventions comme des « *pac-*
« *tions réprouvées par les bonnes mœurs et coutumes, dont il arri-*

« *vait une infinité d'abus et do tromperies* » (1). Aussi, Portalis en
1804 s'exprimait-il ainsi devant le Corps Législatif : « Il est des con-
« trées... où l'on autorise des assurances sur la vie des hommes,
« mais, en France, de pareilles conventions ont toujours été prohi-
« bées. Nous en avons la preuve dans l'ordonnance de la marine de
« 1681, qui n'a fait que renouveler les défenses antérieures. *L'hom-*
« *me est hors de prix ; sa vie ne saurait être un objet de commerce,*
« *sa mort ne peut pas devenir l'objet d'une opération mercan-*
« *tile* » (2).

b. Le Code de commerce. — L'article 334 du Code de commerce,
après avoir énuméré les objets susceptibles d'assurance, terminant
l'énumération en disant qu'il est permis d'assurer toutes « les choses
ou valeurs estim····s à prix d'argent », a voulu confirmer la prohibition de l'orde····ance de 1681. D'ailleurs, ajoute-t-on, le comte Corvetto, rappo;teu···· au Corps Législatif du titre X du Code de commerce, déclarait que la vie de l'homme n'étant pas appréciable à prix
d'argent ne pouvait être susceptible d'assurance.

c. L'ordre public et les bonnes mœurs. — Le procureur-général
Dupin terminait ainsi son réquisitoire devant la Cour de Cassation
dans l'affaire de Paw contre La Pommeraie : « Les contrats d'assurances
« sur la vie sont des conventions que les lois romaines appellent si-
« nistres et pleines du plus dangereux avenir, *plena periculosissimi*
« *eventus.* Ces funestes prévisions se sont réalisées dans l'espèce
« par un odieux calcul et l'assurance placée sur la tête de l'infortu-
« née victime de La Pommeraie, en servant à rendre son crime plus
« évident, est aussi ce qui le rend plus effroyable. »

Et M. Dufaure, dans une consultation en faveur de la *Nationale,*

---

1. Comp. Ord. de la marine, liv. III, tit. VI, des ass., art. 10. — Guidon de la
mer. Chap. XVI, 5.
2. Fenet, Séance du 7 Ventose, an XII.

soutenait dans cette même affaire que ce contrat était immoral comme renfermant un *votum mortis*.

B. — *a.* L'ordonnance de 1681 est une ordonnance sur la marine et la prohibition qu'elle contient ne peut, dès lors, être étendue au-delà de la matière des assurances maritimes.

Il en est de même pour l'article 334 du Code de commerce qui n'entendait reproduire que les termes de l'article 10 de l'ordonnance de 1681. En effet, la *Compagnie d'assurances générales* était autorisée par ordonnance royale du 22 décembre 1819, c'est-à-dire douze ans après le rapport du comte Corvetto au Corps Législatif.

b.— « L'homme est hors de prix ; sa vie ne saurait être l'objet d'un commerce », disait Portalis en répétant l'adage qui devait avoir une influence funeste sur la prospérité des assurances sur la vie, « *liberum corpus æstimationem non recipit.* »

La nature juridique du contrat d'assurance sur la vie étant envisagée comme nous l'avons fait, un semblable argument ne saurait avoir d'influence sur la légalité de ce contrat ; la vie de l'homme, d'après le système que nous avons exposé, n'étant nullement l'estimation de la valeur d'une existence humaine, mais la capitalisation de primes destinées à former un capital qui se trouvera exigible lors du décès de l'assuré.

c. — M. Dufaure invoquait dans le trop fameux procès La Pommeraie le danger existant dans cette convention d'exciter à un crime le *votum mortis.*

Mais un semblable argument pourrait être fait contre un grand nombre d'actes sanctionnés par le Code civil. Ne pourrait-on pas également voir le *votum mortis* dans le contrat de rente viagère, dans l'institution contractuelle, dans l'usufruit et dans l'organisation du système successoral lui-même ?

Le contrat d'assurance sur la vie est donc pour nous un contrat légal auquel l'article 37 de la loi du 5 juin 1850, en soumettant au timbre les polices d'assurances sur la vie, l'article 66 de la loi du

24 juillet 1867 en exigeant l'autorisation du gouvernement pour la création de sociétés d'assurances sur la vie et la loi du 11 juillet 1868 en faisant de l'assurance sur la vie une institution publique, ont donné la reconnaissance expresse d'une légalité qui ne saurait plus être contestée à notre époque.

Ayant établi les caractères du contrat, objet de notre étude, nous allons, dans la section suivante, nous efforcer d'en retrouver des traces dans le passé.

SECTION II.

Des assurances sur la vie dans le passé.

Quoique d'origine moderne, l'assurance sur la vie peut être suivie à travers les développements de l'intelligence humaine et les progrès scientifiques, qui ont été préparés à notre génération par les études des siècles précédents. Cette combinaison qui suppose une science fort approfondie des chiffres, une connaissance certaine des mouvements de la population, des profits permettant l'épargne et un gouvernement offrant sécurité et justice, ne fut pas pratiquée par l'antiquité, mais elle fut au moins entrevue par une civilisation à laquelle nous empruntons chaque jour ; nous savons, en effet, que la stipulation « *cum moriar* » était sanctionnée par la loi romaine et suivie ou précédée d'un équivalent, cette stipulation aurait eu une grande analogie avec notre contrat. Mais, constatant qu'en présence des tables de mortalité d'Ulpien et de la théorie contenue au Digeste sur les rentes viagères, les Romains n'avaient qu'un pas à faire pour pratiquer une institution appelée à jouer un grand rôle économique et social, laissons le droit romain, qui ne doit nous servir que pour constater la distance parcourue, et arrivons à la véritable origine des assurances sur la vie.

C'est à l'Italie que revient l'honneur d'avoir entrevu l'assurance sur la vie ; au xv° siècle se formait à Florence une association destinée à pourvoir à la dotation des jeunes gens et qui, sous le nom de *Monte del doti* est déterminée par ces quelques lignes : « *La Signoria* « *per trovar danari da mantener la guerra fece due monti, uno* « *per le fanciulle et l'altro per i fanciulli, che s'havessero a mari-* « *tare. Et questi erano che mettendovi sopra cento fiorini, in capo* « *di quindici anni essendo la fanciulla maritata, o il giovane* « *preso moglie ne dovesse havere per capitali e interessi cinque-* « *cento, et cosi per rata di maggiore o minor somma ; et morendo* « *avanti detto tempo il tutto restasse al Monte.* »

L'assurance sur la vie était fondée et il appartenait aux Anglais, peuple pratique et commerçant, de s'emparer de l'idée, de lui donner un développement qui tint presque de la folie, puisque, s'il faut en croire une correspondance de la *Revue des deux Mondes*, on en est arrivé à assurer la probité des employés et la fidélité des femmes. En 1706 une charte de la reine Anne autorisait la création de la première compagnie d'assurances sur la vie, sous le nom d'*Amicable Society* qui n'ayant admis que deux mille associés vit se fonder près d'elle le *Royale exchange* et *London assurance Company*. Ces nouvelles compagnies eurent un succès énorme et tous ceux qui tenaient à quelque chose s'empressèrent de s'enrôler parmi les associés.

En 1849 se fondait l'institut des *actuaires* de Londres, ayant pour but de diriger les progrès de l'assurance sur la vie dans des voies sûres et éclairées par la science au moyen d'une école où toutes les questions intéressant les assurances sont étudiées et mises au jour.

M. Gladstone faisait voter en 1864 une loi intitulée : « acte pour faciliter l'acquisition de petites rentes viagères sur l'Etat, et pour assurer le paiement des sommes en cas de mort », qui faisait du gouvernement un grand assureur appelé à favoriser l'épargne et à éteindre la misère si nombreuse dans ce pays si riche.

1. *Istorie Florentine,* lib. XIX.

Pendant que ce contrat était florissant en Angleterre il voyait presque toutes les autres nations d'Europe lui refuser le droit de cité Il faut bien reconnaître qu'une opération, qui parut analogue, ayant précédé l'assurance sur la vie, ne pouvait faire accorder à cette dernière combinaison la confiance de ceux qui s'étaient vus victimes des opérations tontinières ; ces opérations que Mazarin, par un édit rendu à Châlons en 1653, avait élevées à la hauteur d'une institution publique se virent supprimer sous Louis XV le titre de tontines royales pour reparaître en 1791 sous le nom de Caisse Lafarge. On connaît les déceptions que produisit la liquidation désastreuse de cet établissement, déceptions qui ne devaient pas manquer de faire retomber sur l'assurance sur la vie les torts d'une opération avec laquelle elle n'avait rien de commun. De plus une ancienne ordonnance de 1681 avait banni dans son article 10 « l'assurance sur la vie des personnes » selon les expressions de Pothier. A la loi était donc venue se joindre la défaveur publique pour arrêter les progrès de l'institution nouvelle.

Cependant, deux arrêts des 4 novembre 1737 et 27 juillet 1788 autorisèrent en France après un mûr examen du Conseil d'Etat, la création d'une société d'assurance sur la vie avec un privilège de quinze années pour les fondateurs. Malgré ce privilège la nouvelle création eut fort peu de succès et ses ennemis supprimaient toute discussion en se servant d'une vieille loi romaine extraite du Digeste:« *Liberum corpus æstimationem non recipit.* » Aussi dès l'an II, la société ne fonctionnait plus et le 24 août 1793 un décret défendait la conservation et l'établissement de semblables sociétés sans l'autorisation des corps législatifs.

Lorsque la paix générale fut rétablie, les capitalistes s'occupèrent de nouveau des assurances qui passionnaient alors l'Angleterre, et le Conseil d'Etat dans une instruction du 11 juillet 1818 déclara qu'un semblable engagement n'avait rien de contraire à la loi et pouvait être compris au nombre des contrats aléatoires. Des compagnies se fondèrent et leur existence légale fut reconnue par les lois fiscales et la loi de 1867 sur les sociétés ; les divers tribunaux furent saisis de questions délicates sur ce contrat et les arrêts des cours sanctionnèrent la légalité de conventions sur lesquelles nos textes sont muets.

L'exemple de M. Gladstone fut suivi par nos législateurs et le 13 juillet 1868 l'assurance sur la vie était mise à la portée des petites bourses par une loi qui faisait de l'État l'assureur des classes ouvrières. Nous n'avons pas à nous expliquer sur cette loi, mais nous craignons que ses dispositions rigoureuses ne lui permettent pas d'atteindre le but qui lui était assigné. D'ailleurs, aujourd'hui, partant du principe sur lequel est fondée l'assurance sur la vie, il se forme partout en France des associations dites de *secours mutuels*, qui fonctionnant d'une façon large et démocratique assurent l'avenir de ses affiliés, et, s'érigeant en institutions de prévoyance, touchent ainsi au difficile problème de la question sociale.

DEUXIÈME PARTIE

Conditions extrinsèques du contrat d'assurance sur la vie.

PREUVE DU CONTRAT

L'acte qui, généralement, sert de preuve au contrat d'assurance sur la vie porte le nom de *Police;* réglant et constatant l'existence et les conditions de la convention entre les parties, quelques auteurs veulent le voir entouré par la loi de formalités protectrices, destinées à garantir sa sécurité. Aussi, tirant un argument de ce que le Code de commerce exige dans l'article 332 pour la perfection du contrat d'assurance maritime, la rédaction d'un écrit, ils soutiennent que dans l'assurance sur la vie la police est nécessaire sous peine de nullité des obligations.

. Nous pensons, au contraire, que l'écrit n'est nullement nécessaire à la perfection du contrat, l'assurance sur la vie ne peut être mise au rang des contrats solennels que le législateur a nominativement et exceptionnellement désignés (1).

a.— Aussi, le contrat est-il parfait dès que l'accord des volontés a eu lieu, que cet accord soit écrit ou verbal, exprès ou tacite. Donc, si la police est une constatation plus régulière du contrat, sa non existence n'est pas cependant une cause de nullité de l'obligation contractée.

1. En Angleterre, le contrat d'assurances sur la vie doit être fait par écrit sous peine de nullité.

b.— Quant à l'argument tiré de l'article 332 du Code de commerce, il ne saurait résister à la discussion : si le législateur a prescrit la formalité d'un écrit dans l'assurance maritime, c'est qu'il l'a considérée comme un contrat maritime qui doit suivre le sort du genre dont il est l'espèce.

N'est-il pas, en effet, nécessaire que tout contrat maritime, quel qu'il soit, pouvant donner lieu à des contestations par-delà les mers, ait un mode de preuve de son existence facile à déplacer et faisant foi sous tous les méridiens.

D'ailleurs, l'ass ance sur la vie n'étant pas, comme nous l'avons démontré nous-même, une véritable assurance, les règles de forme qui pourraient être établies à l'égard de contrats avec lesquels elle n'a de commun que le nom, ne sauraient lui être applicables.

c. — Enfin, un troisième argument a été relevé par les adversaires de notre théorie dans les lois fiscales et s'appuyant sur ce que ces dernières ont soumis les polices d'assurances sur la vie à la formalité du timbre, ils en déduisent la nécessité d'un contrat écrit.

Un semblable motif ne saurait nous arrêter ; la validité du contrat, au point de vue du droit civil, ne dépendant nullement de la conformité aux prescriptions des lois fiscales.

Nous soutenons donc que le contrat existe et est parfait dès qu'il y a eu accord entre les parties, quoiqu'aucun écrit n'ait été rédigé.

Mais si l'écriture n'est pas exigée *ad solemnitatem contractus*, ne l'est-elle pas *ad probationem?* C'est-à-dire serons-nous sous l'empire du droit civil ou du droit commercial ? Nos moyens de preuve seront-ils étendus ou restreints ? Devrons-nous appliquer les règles édictées par l'article 109 du Code de commerce, c'est-à-dire le juge aura-t-il le droit d'admettre la preuve testimoniale sans avoir à s'inquiéter du montant de la valeur en litige ? Ou bien, l'article 1341, sq. du Code civil sera-t-il applicable, c'est-à-dire la preuve testimoniale sera-t-elle inadmissible lorsque l'intérêt sera supérieur à 150 francs ?

Primus a contracté une assurance snr la vie avec une société à

primes fixes, sans qu'il y ait eu entre les deux contractants de police
de rédigée. Quels seront les moyens de preuves qui pourront être employés par l'une ou l'autre des parties contractantes ?

Nous sommes en présence, dans cette espèce, d'un côté d'une société commerciale, et de l'autre d'un particulier ; d'où il suit que
l'acte est commercial de la part de l'une des parties sans l'être de la
part de l'autre.

Dans une semblable hypothèse la question est délicate et il s'est
formé une théorie dont l'autorité est justifiée par les noms de ses
défenseurs.

Adopté par M. Massé dans son cours de droit commercial (1)
ce système se réduit à ces deux distinctions :

Le commerçant veut-il établir qu'une obligation existe à la charge
de son adversaire, il doit se conformer vis-à-vis de son adversaire qui
a fait un acte purement civil aux prescriptions de la loi civile. —
Arrêt de Douai du 6 août 1851.

Si, au contraire, le commerçant veut prouver un paiement fait par
lui, l'article 109 du Code de commerce est applicable conformément
à la décision d'un arrêté de Cassation du 21 juin 1827 (2) qui décide
qu'un banquier assigné en paiement d'une somme qu'un individu
non commerçant l'avait chargé de recouvrer, est admissible à prouver sa libération d'après les principes de la loi commerciale et no-
tamment par la preuve testimoniale.

En pratique, la preuve ordinaire est la police, soit authentique,
soit sous-seing privé. La police contient l'adhésion du stipulant aux
statuts de la société, statuts généralement imprimés dont les clauses
sont exécutoires, ainsi que l'a décidé formellement un arrêt de Cassation du 1er février 1853 (3) dans une espèce où le stipulant pré-

---

1. Massé, *Cours de Droit Comm.* t. IV, n. 2.43.
2. Sir. 28, 1. 622.
3. Cass. Sir. 56, 1, 892.

tendait qu'une clause imprimée avait échappé à son attention. Cependant, les clauses manuscrites qui peuvent être jointes au contrat abrogent les clauses imprimées si elles se trouvent en contradiction avec elles.

Le contrat d'assurance sur la vie étant ordinairement un contrat synallagmatique, est-il nécessaire que la police soit faite en double original ?

Aux termes de l'article 1325 du Code civil, il devrait en être ainsi, car elle constate les engagements pris de la part des deux parties, le stipulant s'engageant, en effet, au paiement de primes et l'assureur à la délivrance d'un capital à une époque incertaine ; aussi, aux termes de ce même article 1325, la police devrait-elle mentionner le nombre d'originaux qui ont été faits et remis à chacun des intéressés. Cette théorie est enseignée par M. Romo dans une composition de concours de doctorat à la Faculté de Paris.

Nous croyons que, si pratiquement l'emploi de cette théorie est fort sage, elle n'est cependant pas fondée en droit et que la police d'assurance sur la vie n'est nullement soumise à la formalité des doubles. En effet, vis-à-vis de l'assureur, l'acte est commercial et les juges ont dès lors toute liberté d'appréciation. Les livres de la Compagnie seront pour eux une preuve et une garantie suffisantes de l'existence du contrat. Pardessus (1) nous enseigne, d'ailleurs, que l'article 39 du Code de commerce, exigeant la formalité des doubles dans la constitution des sociétés en nom collectif ou en commandite, est une exception qui ne fait que confirmer la règle relativement à la dispense accordée en matière commerciale.

Cependant, nous le répétons, il est plus sage de se conformer aux prescriptions de l'article 1325 du Code civil.

Au moment de la confection de la police, le contrat d'assurance sur la vie peut, de synallagmatique, devenir unilatéral par le paie-

1. Pardessus, droit Com. 6° édit 11, page 810 n° 215.

ment immédiat de toutes les primes ; alors le contrat se trouve-t-il régi par les dispositions de l'article 1326 du Code civil, qui exige que la promesse unilatérale sous-seing privé soit écrite en entier de la main de celui qui s'engage ou qu'il ait au moins, outre sa signature, écrit de sa main un bon ou approuvé portant en toutes lettres la somme promise ?

Nous ne le pensons pas, malgré l'opinion contraire de M. Rome (1), si l'assureur fait sa profession d'assurer, sa signature sera suffisante, car l'article 1326 contient une exception, à la règle qu'il pose, en faveur des marchands, artisans, laboureurs, etc...., et la discussion de cet article au Conseil d'Etat nous apprend qu'il doit être entendu *lato sensu.*

La police d'assurance, quelle que soit la forme qu'elle affecte, acte authentique ou sous-seing, doit contenir les énonciations suivantes :

1° Nom, prénoms, profession, domicile des parties, du stipulant, de l'assuré, de l'assureur et du bénéficiaire ;

2° Le terme d'échéance ;

3° Le montant des primes ;

4° Le montant de la somme assurée ;

5° La nature et le montant des risques (âge et état de santé de l'assuré) ;

6° L'époque précise où ils commencent et celle où ils finissent ;

7° La date de la confection de la police et la signature des parties contractantes.

En outre de ces énonciations générales, la police d'assurance sur la vie contient souvent des clauses spéciales ayant pour but de suppléer à l'absence de dispositions législatives ; ces clauses, en tant qu'elles n'ont rien de contraire à l'ordre public et aux bonnes mœurs (art. 6, C. civ.), peuvent varier à l'infini ; nous ne saurions avoir la prétention de les énumérer toutes, mais voici les plus en usage :

1. M. Rome, *Des ass.* p. 115.

1° Résiliation facultative du contrat ;

2° Résiliation pour augmentation des risques ;

3° Résiliation en cas de non paiement des primes.

Nous allons nous expliquer en quelques mots sur ces trois clauses de résiliation qui sont fréquemment ajoutées dans la police d'assurance.

1° Dans ce cas, la Compagnie s'engage à résilier le contrat à la demande des parties intéressées, et si la police est en cours depuis au moins trois ans elle rachète le contrat suivant les bases contenues dans les statuts ;

2° La police est résiliée *ipso jure* et toutes les primes perçues sont acquises à la Compagnie dans les cas suivants :

1° Dans le cas de mort volontaire de l'assuré (1) ;

2° S'il est tué en duel ;

3° S'il perd la vie par l'exécution d'une condamnation à mort ;

4° S'il est tué par les bénéficiaires du contrat (2).

Si l'assuré est tué comme militaire dans une guerre étrangère ou à la suite de blessures reçues, s'il meurt pendant un voyage hors d'Europe et d'Algérie, sans que l'assureur ait consenti à courir ce risque, la Compagnie ne sera tenue envers les bénéficiaires du contrat qu'au remboursement de la valeur que la police aurait eue la veille du décès si la résiliation eût été alors proposée (3).

La Cour de Paris a eu à se prononcer sur ce qu'il fallait entendre par militaire d'après les statuts des Compagnies et elle vient

1. Un arrêt de la Cour de Paris en date du 30 nov. 1875 rapporté dans le J. le Droit 10 déc. 1875 déclare que la clause d'une police d'assurances sur la vie qui stipule qu'en cas de suicide de l'assuré, l'assureur sera délivré de son engagement, doit être présumé n'avoir eu en vue que le suicide volontaire, et non le suicide accompli dans un accès de folie, art. 1150, 1161. Par suite, lorsque l'assuré est mort de sa propre main c'est à l'assureur, qui veut se dégager de l'obligation par lui souscrite, à prouver que le suicide a été volontaire.

2. Assurances générales, art. 6, Union, art. 4, Phénix, art. 5, Nationale art. 5 et 6,

3. Nationale, art. 7, 9.

de le faire dans un arrêt tout récent du 20 avril 1877 rapporté dans Dalloz 1877. 2. 181.

Les Compagnies accordent généralement à leurs assurés autres que ceux exerçant la profession de marin, la faculté de se rendre d'un port de l'Europe ou de l'Algérie à un autre port de l'Europe ou de l'Algérie sans être tenus à en faire déclaration ou à payer une augmentation de prime (1).

3° La police se trouve encore résiliée de plein droit par le non paiement de la prime dans les trente jours de son échéance, disent les statuts de la Compagnie d'assurances générales, article 1er. Si la police a au moins trois ans de date, elle sera réduite à la valeur qu'elle aurait eue le jour de l'échéance de la prime non payée, si ce même jour la résiliation en eût été demandée. Si la police a moins de trois ans, les primes payées seront acquises à la Compagnie qui n'en devra nul compte.

Telles sont les clauses généralement stipulées dans les polices d'assurances sur la vie.

1. *Nationale* art. 7. — *Caisse paternelle*, art.

TROISIÈME PARTIE

Conditions intrinsèques du contrat d'assurances sur la vie.

Ayant établi que nous étions en présence d'un contrat dans lequel la rédaction d'un écrit n'était pas exigée *ad solemnitatem*, mais seulement *ad probationem*, nous n'avons qu'à lui appliquer les *règles* contenant les conditions nécessaires à la validité des conventions auxquelles il se trouve dès lors soumis.

L'article 1108 du Code civil nous apprend que quatre conditions sont nécessaires pour qu'une convention soit valable :

Le consentement de la partie qui s'oblige ;

La capacité de contracter ;

Un objet certain formant la matière de l'engagement ;

Une cause licite dans l'obligation.

De ces quatre conditions nous allons nous occuper tout spécialement du consentement et de la capacité de contracter. Il y a, en effet, dans le contrat d'assurance sur la vie, des personnages nombreux ayant des capacités spéciales qui, suivant les rôles qu'ils remplissent, seront intéressantes à étudier.

Le premier chapitre sera donc consacré au consentement et les trois autres à la capacité des divers personnages en scène, à l'objet et à la cause du contrat.

CHAPITRE PREMIER

DU CONSENTEMENT

Le consentement est le concours de deux ou de plusieurs volontés dans un même but juridique, *duorum vel plurium in idem placitum consensus;* définition qui est applicable à la convention elle-même, le consentement ne faisant qu'un avec elle et cette dernière n'étant, comme disait Ulpien, que le rendez-vous où se rencontrent les deux volontés (1).

Le consentement est donc la conformité de sentiment, l'entente des parties.

L'article 1108 paraît cependant n'exiger que la volonté d'une seule des parties, de celle qui s'oblige.

Mais il est certain que la convention ne peut se former que par le concours des parties en cause, non-seulement de celle qui contracte l'obligation mais encore de celle envers qui l'obligation est contractée.

L'offre, d'une part, et l'acceptation de l'autre, tels sont les deux termes inséparables et essentiels à l'existence de tout consentement.

Ces deux termes existant, il est nécessaire qu'ils soient en tout semblables :

a. — Soit quant aux personnes.

b. — Soit quant à la chose.

c. — Soit quant à la nature de la convention et à ses diverses modalités.

1. L. 1 § 3 § *de pactis.*

a. Soit quant aux personnes. — Il est, en effet, nécessaire que l'acceptation soit, quant aux personnes, conforme à l'offre, c'est-à-dire que l'acceptation doit être faite par tous ceux à qui s'est adressée l'offre et à l'encontre de tous les offrants.

Ainsi, une Compagnie d'assurance offre à Secundus et à Tertius d'assurer un capital sur la tête de leur père Primus ; Secundus acceptant seul l'offre de la Compagnie, le contrat n'a pu se former qu'à l'égard de ce dernier. Il pourra même arriver que le contrat ne se sera pas formé même à l'égard de Secundus, s'il apparaît que celui-ci a entendu subordonner son acceptation à celle de Tertius (1).

b. Soit quant à la chose. — La chose qui fait l'objet de l'offre doit être la même que celle qui fait l'objet de l'acceptation.

Ainsi, je vous offre de vous assurer sur la vie et par suite d'un quiproquo vous acceptez une assurance sur la vie de votre mère.

Nos deux volontés ne se sont pas rencontrées *in ipso facto* et, par suite, elles n'ont pu se lier.

Primus offre à Secundus d'assurer sur sa vie un capital de 20,000 francs. Secundus accepte un capital de 10,000 francs.

Le contrat a-t-il pu se former au moins pour les 10,000 francs acceptés par Secundus ?

Oui, répondaient les jurisconsultes romains Ulpien et Paul, car le moins est renfermé dans le plus : *manifestissimum est viginti decem inesse !*

Contrairement à l'opinion d'Ulpien et de Paul, nous soutenons avec Gaïus qu'il n'y a pas eu de consentement, la concordance des deux termes n'ayant pas existé sur le même objet, sur le même capital.

Que le moins soit dans le plus, c'est matériellement incontestable. Mais ce n'est pas là la question ; ce qu'il s'agit de savoir, c'est si

1. Sirey 1810, 1, 370, Demolombe, des contrats, tom. I. n° 47. Laromblière, t. I. art. 1101 n° 10.

Primus, qui offre d'assurer un capital de 20,000 francs sur la tête de Secundus, consentirait à assurer un capital de 10,000 francs ; or, rien ne le prouve ; aussi, la conformité n'existe pas entre l'offre et la demande.

Il pourrait en être autrement s'il résultait des termes de l'offre que la différence existant avec l'acceptation n'a pas empêché la concordance de ces deux termes dans une mesure commune.

Ainsi, Primus offre à Secundus de lui assurer un capital de 50,000 francs moyennant une prime annuelle et viagère de 1,000 fr. Secundus accepte moyennant une prime de 1,200 francs, croyant que tel est le chiffre de l'offre de Primus.

Le contrat d'assurance sera formé moyennant une prime de 1,000 francs, car il sera certain qu'il y a eu accord des deux volontés sur ce chiffre et c'est dans ce cas que sera vraie la doctrine d'Ulpien et de Paul (1).

c. *Soit quant à la nature de la convention, à ses diverses modalités.* — L'offre et l'acceptation doivent être encore exactement conformes, soit quant à la nature de la convention, soit quant aux conditions et clauses accessoires qui peuvent l'accompagner.

Si je vous offre de vous constituer une rente viagère moyennant l'aliénation d'un certain capital et que vous me répondiez que vous préférez une assurance sur la vie, il n'y aura pas eu de contrat de formé, les deux termes, l'offre et l'acceptation, n'étant nullement concordants. Donc, pas de rente viagère, pas d'assurance sur la vie (2).

Il en serait de même si, à une offre sous condition, l'on répondait par une acceptation conditionnelle ou à terme. *Le parfait accord,* suivant l'expression de Merlin, n'ayant pas existé, le contrat ne se serait pas formé.

1. Demolombe, des contrats, tome I. p. 51. Toullier, tome III n° 2. Larombière II art. 1101 n° 11.
2. Sirey 1855. 2, 186.

Comment doit se manifester le consentement ?

Le Code civil n'a soumis la manifestation du consentement à aucune forme spéciale.

Il y a cependant certains contrats qui font exception à cette règle : ce sont ceux dont la solennité de la forme doit être considérée comme une cinquième condition essentielle à ajouter à celles de l'article 1108, sans lesquelles le contrat n'aurait pas d'existence juridique.

Ayant démontré que le contrat d'assurance sur la vie ne devait pas être rangé parmi les contrats solennels, l'offre et l'acceptation ne sont soumises à aucunes dispositions spéciales et peuvent être exprimées de toutes les façons susceptibles de faire comprendre la volonté des parties ; aussi, nous contenterons-nous de signaler l'exception.

La manifestation du consentement peut être :

1° Expresse ;

2° Tacite.

1° Elle est expresse lorsqu'elle est donnée par paroles, écrits ou simples gestes ;

Le simple geste est une expression suffisante de la volonté des parties ; aussi, le sourd-muet peut-il exprimer par signes une offre ou une acceptation (1).

2° Est tacite la manifestation de la volonté résultant des faits.

Ainsi, une Compagnie d'assurances propose à un individu de la représenter ; sans que ce dernier donne de réponse écrite ou verbale il se contente d'exécuter le mandat qu'on lui propose. Il est alors évidemment certain qu'il y a eu concours des deux volontés ; offre expresse de la part de la Compagnie et acceptation du mandat de la part de l'agent.

L'article 1985 au titre du mandat s'exprime d'ailleurs d'une manière formelle et il est certain que la disposition de cet article peut

1. Demolombe des contrats tome 5. n° 55. Aubry et Rau v. III p. 208.

s'appliquer à tous les contrats ordinaires : « L'acceptation du man-
« dat peut n'être que tacite et résulter de l'exécution qui lui a été
« *donnée par le mandataire.* »

Le consentement étant une des qualités essentielles à la formation
du contrat et sans consentement ce dernier n'existant pas, il est du
plus grand intérêt de savoir à quel moment précis le consentement
existe et par suite à quel instant le contrat se trouve formé.

Supposons, en effet, qu'une incapacité de droit survienne à l'une
des deux parties avant la formation du contrat, il serait impossible à
ce dernier de se former ; si, au contraire, cette incapacité de droit sur-
vient lorsque le contrat existe, elle ne saurait avoir d'influence sur
le sort de la convention.

Au premier abord la chose paraît des plus simples et philosophi-
quement on peut construire le syllogisme suivant qui, toutes les fois
qu'il pourra être fait, devra nous dire si les deux volontés ont concouru.

Le consentement se forme par le concours de deux volontés.

Or, les deux volontés ont concouru dès que l'acceptation et l'offre
ont eu lieu.

Donc, dès ce moment, le consentement existe.

Ce syllogisme procède bien et sa déduction devra être irrésistible.

Mais, étant en présence d'une thèse capitale, il importe de ne pas
rester dans ces généralités abstraites ; aussi nous étudierons les
points suivants qui peuvent avoir une grande utilité pratique toutes
les fois que le contrat se formera entre absents.

I. — 1° L'offre faite peut-elle être révoquée par la volonté de
l'offrant ?

2° Peut-elle être anéantie de plein droit par sa mort ou par une
incapacité survenue depuis qu'elle a été faite ?

II. — 1° L'acceptation faite peut-elle être révoquée par la volonté
de l'acceptant ?

2° Peut-elle être faite après sa mort par ses représentants ?

I. — *L'offre faite peut-elle être révoquée par la volonté de l'offrant?*

Lorsque l'offre n'a pas été répondue d'acceptation elle est alors une simple pollicitation *solius offerentis promissum*, il n'y a pas de contrat de formé et, par suite, celui dont elle émane peut toujours la retirer.

Comme le dit fort bien Pothier : « De même que je ne puis pas, « par ma seule volonté, transférer à quelqu'un un droit dans mes « biens, si sa volonté ne concourt pas pour l'acquérir ; de même je « ne puis pas, par ma promesse, accorder à quelqu'un un droit con- « tre ma personne, jusqu'à ce que sa volonté concoure pour l'acqué- « rir, par l'acceptation qu'elle fera de ma promesse. »

Donc, tant que l'offre est encore en ma possession, tant que je puis m'arranger par un moyen quelconque pour empêcher qu'elle arrive au destinataire, le contrat ne pourra se former.

A ce sujet nous allons soutenir une thèse dont on s'armera plus tard contre nous en prétendant qu'elle est contraire à celle que nous exposerons au sujet de l'acceptation. Mais cette contradiction qu'on nous reprochera n'est qu'apparente et n'existe nullement ; le contrat n'étant pas arrivé au même point.

L'hypothèse suivante nous servira dans l'exposition des diverses théories :

Primus a écrit à une Compagnie d'assurance une lettre qu'il a con- fiée à la poste ; dans cette lettre il offre à ladite Compagnie de lui servir une rente viagère moyennant l'aliénation d'un certain capital. La lettre est à peine jetée à la poste que, Primus ayant trouvé une constitution de rente plus avantageuse que celle contenue dans les tarifs de la Compagnie, télégraphie à cette dernière de considérer comme non avenue la proposition qu'il lui faisait.

Si l'offre n'était pas encore connue de la Compagnie il est évident qu'elle peut être retirée par Primus, car, pour qu'il y ait concours des deux volontés, pour qu'il y ait consentement, il faut, et il est matériellement nécessaire que la partie à qui l'on s'adresse ait connu la proposition pour pouvoir l'accepter ou la refuser.

Si l'offre est, au contraire, déjà connue de la Compagnie à l'arrivée de la dépêche, il faut distinguer :

a. — Si l'acceptation n'a pas été donnée.

b. — Si l'acceptation a eu lieu.

c. — Si l'offre contient un engagement exprès ou tacite de ne pas être retiré avant une certaine date.

a. — L'acceptation n'étant pas encore donnée par la Compagnie au moment où elle reçoit la dépêche, quoique l'offre lui fût connue, nous pensons que la question doit se résoudre comme si la dépêche eût précédé l'arrivée de l'offre ; c'est-à-dire que, les volontés n'ayant pas concouru, leur concours devenant désormais impossible, le consentement ne peut exister.

Il est bien entendu que dans toute cette matière il ne peut être question que de l'acceptation se révélant par une preuve matérielle, le concours métaphysique de deux volontés échappant à notre entendement (1).

b. — Lorsque l'offre reçue, la lettre contenant l'acceptation a été mise à la poste, la solution est alors beaucoup plus difficile. Aussi nous réserverons l'étude de cette question pour la traiter avec l'acceptation (page 47).

c. — Lorsque celui qui a fait l'offre s'est engagé expressément ou tacitement à ne pas la retirer avant une certaine époque, il y aura là une exception notable à la règle que nous venons de poser suivant les hypothèses :

1° Lorsque l'offre n'est pas encore arrivée au destinataire, quoique l'acceptation ait un terme pour se produire, la règle que nous avons posée subsistera ; car l'offre, n'ayant pas encore touché le destinataire, peut être retirée dans ce cas comme dans tous les autres.

1. Demolombe des contrats t. 1 pag. 63. Troplong de la vente t. 1 n° 27.

2° L'offre est connue de celui à qui elle a été adressée et l'offrant lui accorde huit jours pour se décider.

M. Larombière soutient (art. 1101, 2014) que l'offrant peut se rétracter « en ce sens que l'acceptation ultérieure ne peut faire consi- « dérer la rétractation comme nulle, et imposer de force un contrat « contre lequel il a protesté avant sa formation. »

Quant à nous il nous est impossible d'admettre une semblable théorie.

Il y a eu, en effet, une convention par laquelle un tiers s'est engagé envers un autre à lui donner huit jours de réflexion avant de répondre à son offre;

Or, la convention, aux termes de l'article 1434, fait la loi des parties;

Il n'a donc pas pu détruire tout seul sans l'assentiment de l'autre partie un droit dont elle était maîtresse.

2° L'offre peut-elle être anéantie de plein droit par la mort ou l'incapacité de l'offrant survenue depuis qu'elle est faite ?

Au point où nous en sommes arrivés la réponse est facile; le contrat d'assurances sur la vie ne se formant que par le concours de de deux volontés c'est au moment même où les deux volontés se rencontrent que leur capacité doit exister, puisque c'est à cet instant, comme nous l'avons démontré, que se forme le consentement. Donc toutes les fois que l'opposant sera incapable de contracter au moment où l'acceptation aura lieu, l'offre devra *ipso jure* être considérée comme n'existant pas et par suite le contrat ne pourra se former.

II. — 1° L'acceptation faite peut-elle être révoquée ou anéantie ?

C'est là que nous allons soutenir la thèse qui, d'après nos adversaires, nous met en désaccord avec nous-mêmes, puisque, soit qu'il s'agisse de l'offre, soit qu'il s'agisse de l'acceptation, deux termes ayant mêmes qualités, nous nous décidons de façon différente. Pour exposer clairement notre doctrine nous continuons l'hypothèse que nous avons faite lorsqu'il s'est agi de l'offre.

Primus a offert à une Compagnie d'assurances de faire un contrat de rente viagère, la Compagnie a répondu par lettre qu'elle acceptait, et la lettre mise à la poste, l'on s'aperçoit que l'opération est défectueuse, et l'on télégraphie pour retirer l'acceptation.

Dans cette hypothèse la lettre n'est plus au pouvoir de l'expéditeur et appartient exclusivement à celui à qui elle est adressée.

Le télégramme de la compagnie détruit-il l'acceptation convenue dans la lettre? Telle est la question qui se soulève.

A. — Des autorités considérables ont pensé que la dépêche arrivant avant la lettre, c'est-à-dire arrivant avant que l'acceptation ne soit connue de l'offrant, l'une détruit l'autre et que par suite le contrat ne s'est pas formé.

Des arrêts de jurisprudence ont été rendus dans ce sens et MM. Massé et Vergé ainsi que M. Larombière ont soutenu cette théorie en s'appuyant sur des motifs qui peuvent être ainsi résumés:

a. — Comme l'offre, l'acceptation est la manifestation de la volonté de celui qui accepte, aussi est-il logique que l'une comme l'autre soient gouvernées par une même règle.

Or, l'offre engage l'offrant seulement lorsqu'elle est connue de celui à qui elle est faite.

Donc l'acceptation ne doit également engager l'acceptant que lorsqu'elle est connue de celui qui a fait l'offre.

b. — Le second argument de cette thèse est tiré de l'article 932 du Code civil au titre des donations.

L'acceptation, dit-on, n'étant pas connue de celui qui a fait l'offre est un *propositum in mente retentum*. Aussi l'article 932 dispose-t-il que si l'acceptation d'une donation entre-vifs a eu lieu par acte séparé la donation n'aura d'effet, à l'égard du donateur *que du jour où l'acte qui constatera cette acceptation, lui aura été notifié.*

c. — Enfin la lettre joue le rôle d'un mandataire, d'un messager muet.

Or, le mandat ne produit d'effet qu'autant qu'il a été exécuté, et dans l'espèce l'exécution n'aura lieu qu'au moment où la lettre sera remise à celui à qui elle est destinée ;

Donc, celui qui a fait l'offre ainsi que celui qui a fait l'acceptation demeurent libres de les révoquer (1).

B. — A ces arguments nous répondrons que pour nous le contrat est formé à compter du moment de l'acceptation et nos motifs sont les suivants :

a. — Tout contrat se forme par le concours de deux volontés ;

Or, dès que l'offre a été acceptée les deux volontés ont concouru ;

· Donc dès cet instant le contrat a été formé.

La déduction de ce syllogisme est irrésistible et nos adversaires pour le réfuter se voient obligés d'invoquer le texte de l'article 932 du Code civil qui, disent-ils, s'oppose à ce que le contrat soit formé dès le moment où le concours des deux volontés a lieu.

Nous ferons observer que cet article 932 du Code civil qu'on invoque contre nous est un texte tout spécial s'appliquant à une matière spéciale. En effet, dans l'ancien droit la disposition qu'il renferme n'était nullement exigée et sous l'empire du Code civil ce n'est qu'à l'égard du donateur que l'acceptation faite par acte séparé, n'aura d'effet que du jour où elle lui aura été notifiée, donc il ne saurait avoir d'application.

b. — Bien loin que l'article 932 soit applicable, il suffit de lire les textes pour voir qu'ils indiquent virtuellement qu'une semblable condition n'est nullement nécessaire.

C'est l'article 1101 qui n'exige pour la formation des contrats que la convention, c'est-à-dire la coexistence simultanée des volontés des deux parties.

1. Laromblière L. 1 p. 1101.

L'article 1121, prévoyant l'hypothèse où un individu a stipulé au profit d'un tiers, ajoute : « celui qui a fait cette stipulation ne peut « plus la révoquer, dès que le tiers a déclaré vouloir en profiter. »

Les articles 1984 et 1985 sur la formation du mandat établissent qu'il ne se forme que par l'acceptation du mandataire, mais qu'aucune autre condition ne saurait être nécessaire.

c. — On objecte aussi, et c'est le premier argument de la doctrine contraire, que l'acceptation étant de la même nature que l'offre, il est logique de lui appliquer les même règles.

Si la nature de l'offre est la même que celle de l'acceptation, ce que nous ne nions pas, les effets ne sauraient en être les mêmes ; l'offre est, en effet, la partie d'un tout dont l'acceptation est l'autre partie, elles se complètent l'une par l'autre et dès qu'elles se sont rattachées, dès qu'elles ont concouru, elles donnent immédiatement naissance au consentement et par suite au contrat.

d. — Il est d'ailleurs un argument à l'appui de cette théorie qui n'est pas sans valeur, c'est celui tiré de la contradiction dans laquelle sont tombés les défenseurs les plus illustres de la doctrine contraire.

Ainsi, écoutons Troplong dans son commentaire du titre de la vente, t. I, n° 29 : « Vous me demandez par une lettre du 10 janvier 1841 « de vous vendre pour 3,000 fr. un tonneau de vin de Bordeaux que « j'ai dans ma cave, et dont vous avez besoin pour le 11 du même « mois, à midi ; je ne vous réponds pas sur le champ ; mais à « l'heure et au jour indiqués, je vous expédie le vin demandé et je « vous prie de m'en faire toucher le prix. On doit décider qu'il y a « contrat synallagmatique et que vous ne pouvez vous refuser à « l'exécution du contrat. Votre consentement sur la chose et sur le « prix est prouvé par votre lettre ; le mien, par l'envoi que je vous « ai fait avant de recevoir de vous aucune rétractation ; il y a de « part et d'autre un lien de droit. »

Cette théorie n'est autre que celle que nous soutenons, et son uti-

L.   4

lité pratique se trouve démontrée dans l'hypothèse même de Troplong.

Vous me demandez des marchandises, je vous les expédie, le contrat est formé, et d'après l'article 100 du Code de commerce, elles voyagent à vos risques et périls (1).

VICES DU CONSENTEMENT.

Le consentement peut n'exister qu'en apparence et dans ce cas scientifiquement le contrat est *nul*.

Il n'est au contraire *qu'annulable* lorsqu'existant réellement, il est entaché d'un vice.

Le *contrat nul* est inexistant, il n'a pu se former et son inexistence peut être proposée par quiconque y a intérêt, et à quelque époque que ce soit.

Il ne saurait être ratifié par aucun acte, puisqu'il n'est et n'a jamais été.

Le *contrat annulable*, au contraire, existe juridiquement et ne cesse d'être que lorsque la nullité en a été prononcée et elle ne peut être proposée que par certaines personnes et seulement pendant un certain temps (art. 1234, 1304).

Il peut être ratifié, et par suite la nullité s'éteindra (art. 1115, 1304, 1338).

Cette distinction fondamentale a été fort peu mise en relief dans le Code civil ; mais elle résulte de la nature même des choses et de l'économie de nos textes.

Les articles 1109, 1110, 1111, 1116, 1118, 1119, 1122 du Code civil, présentent quatre causes d'annulation du contrat.

I. — L'erreur (1110).

1. Pothier, *de la vente*, n° 32. Zachariæ, Aubry et Rau, t. III, p. 200. Marcadé, art. 1108, n° 2.

II. — La violence (1114).

III. — Le dol (1116).

IV. — La lésion (1118).

Une semblable énumération est certainement incomplète, et il n'y a pas besoin d'être jurisconsulte pour voir immédiatement qu'il est certaines personnes qui, aux yeux de tous, sont incapables de consentir, et qui cependant n'ont pas été éliminées d'une manière formelle par notre Code.

On peut cependant dire que le législateur a eu en vue simplement l'incapacité *légale de contracter*, et non l'*incapacité naturelle*, frappant certains individus qui, dénués d'entendement, ne sauraient s'obliger.

La première incapacité reconnaît l'existence du contrat tout en déclarant qu'il est vicieux, tandis que la seconde, excluant toute idée de consentement, regarde le contrat comme nul, comme inexistant.

Nous ne voulons pas insister sur ces causes qui peuvent vicier le consentement, puisqu'elles sont les mêmes pour toutes les conventions, et que dans l'assurance sur la vie l'on n'a guère à craindre que l'erreur et le dol. Aussi, est-ce spécialement ces deux vices du consentement que nous allons étudier dans les deux sections suivantes.

§ I.

DE L'ERREUR.

L'erreur est le plus grand des vices qui puissent atteindre le consentement *« non videntur qui errant consentire »*, car elle est une opinion contraire à la vérité, ce qui la distingue de l'ignorance qui ne sait pas tandis que l'erreur croit savoir.

D'après l'article 1110 du Code civil « L'erreur n'est une cause de
« nullité de la convention que lorsqu'elle tombe sur la substance
« même de la chose qui en est l'objet. Elle n'est pas une cause de
« nullité lorsqu'elle ne tombe que sur la personne avec laquelle on
« a l'intention de contracter, à moins que la considération de cette
« personne ne soit la cause principale de la convention. »

D'après cet article deux causes de nullité peuvent être engendrées
par l'erreur: 1° lorsqu'elle porte sur la substance de la chose; 2° lorsqu'elle tombe sur la personne avec laquelle on a l'intention de contracter, si la considération de cette personne est la cause principale
de la convention.

1° La première cause d'annulation réside donc dans l'erreur sur
la substance de la chose.

Mais qu'est-ce que la substance de la chose?

M. Demolombe qui s'appuie sur les distinctions faites par Ulpien
et Pothier entre l'erreur *in corpore* et l'erreur *in substantia*,
nous a enseigné que la *substance* d'une chose consiste dans la qualité
principale et caractéristique qui individualise cette chose, qui la rend
spécialement propre à un certain usage et d'où elle tire son nom,
nomen, appellationem, qui sert à la distinguer des autres.

Cette erreur sur la substance aura de nombreuses applications dans
le contrat d'assurances sur la vie, l'erreur sur l'âge, sur la profession
de l'assuré, sur son état de santé, pourront donner lieu à l'annulation
du contrat, ces faits ayant une grande influence relativement à l'éloi-
gnement du terme du contrat.

2° La seconde espèce d'erreur dont s'occupe l'article 1110 est
relative à la personne avec laquelle on a l'intention de contracter ;
cette erreur a un grand rôle en notre matière, la compagnie ayant
intérêt à ne pas se tromper sur la personne dont la vie est assurée.

§ II

LA VIOLENCE.

Au point de vue juridique la violence est la contrainte exercée sur une personne afin de lui arracher son consentement, « *necessitatem impositam contrariam voluntati* »; elle peut être ou physique ou morale, suivant qu'elle agit par la force ou par la menace.

A la lecture de l'article 1112, qui est ainsi conçu : « Il y a vio-« lence lorsqu'elle est de nature à faire impression sur une per-« sonne raisonnable, et qu'elle peut lui inspirer la crainte d'exposer « sa personne ou sa fortune à un mal considérable et présent », l'on reconnaît que ce n'est pas de la violence matérielle dont a enten-du parler le législateur mais bien de la violence morale, la première rendant le consentement non existant.

Mais sur qui doit-elle s'exercer? L'article 1113 nous apprend qu'il suffit que la violence ait été exercée sur le conjoint, les descendants ou les ascendants de la partie pour avoir les mêmes effets que celle qui s'adresse directement à l'un des contractants. Nous devons dire que l'énonciation contenue dans cet article 1113 n'est nullement limi-tative et que la partie qui aura à se plaindre de la violence pourra prouver que l'affection qui l'attache à la personne sur laquelle on a agi a pu détruire son consentement.

§ III

LE DOL.

« Le dol est une cause de nullité de la convention, lorsque les « manœuvres pratiquées par l'une des parties sont telles qu'il est

« évident que, sans ces manœuvres, l'autre partie n'aurait pas con-
« tracté. Il ne se présume pas et doit être prouvé. » Tels sont les
termes de l'article 1116 du Code civil.

Le dol est donc l'intention de tromper au moyen de manœuvres
pratiquées par l'une des parties ; « *Omnem calliditatem, fallaciam,*
« *machinationem ad circumveniendum, fallendum, decipiendum*
« *alterum adhibita...* (1) »

L'appréciation des divers éléments, d'où peut résulter le dol,
appartient souverainement aux juges du fait sans que leur décision
puisse de ce chef être déférée à la cour de Cassation comme le décide
un arrêté du 20 mars 1865, rapporté dans Sirey, 65. 1. 209.

Mais, le dol existant il est nécessaire qu'il ait été la cause déter-
minante du contrat ; ce qui fait distinguer aux romanistes deux
espèces de dol : le dol principal, *dans causam contractui* et le dol
incident, *dolus incidens in contractum.* Aussi tandis que le premier
est une cause d'annulation du contrat, le second ne peut donner
lieu, en général, qu'à une action en dommages-intérêts.

Enfin le dol doit être personnel contrairement au vice de violence
qui peut avoir été pratiqué par un tiers, tandis que pour être une
cause d'annulation, il doit être pratiqué par l'une des parties envers
l'autre.

A ces dispositions l'on doit ajouter celles contenues dans l'article
384 du Code de com. en matière d'assurances maritimes d'après lesquelles toute réticence, toute fausse déclaration de la part de l'assuré, qui serait de nature à diminuer chez l'assureur l'opinion du
risque ou en changerait le sujet, annulle l'assurance.

C'est ainsi qu'un arrêt de la Cour de Rouen du 17 février 1859
décide qu'une police d'assurance sur la vie est annulable faute par
l'assuré d'avoir déclaré à l'assureur que des tentatives antérieures
près d'autres compagnies avaient été repoussés.

1. L. 1, § 2 ff. *de dolo malo.*

Un arrêt tout récent de la même Cour rapporté dans D. 1877, 1. 504, déclare également qu'en matière d'assurance sur la vie toute réticence ou fausse déclaration de la part de l'assuré, de nature à diminuer l'opinion du risque ou à en changer le sujet annule le contrat.

§ IV.

DE LA LÉSION.

La lésion qui n'est pas mentionnée par l'article 1109 du Code civ., étant le préjudice éprouvé par l'une des parties dans un contrat commutatif, ne saurait être une cause d'annulation dans notre espèce, puisqu'il s'agit d'un contrat aléatoire et le taux de la prime devant être abandonné à la volonté des parties contractantes.

CHAPITRE II.

CAPACITÉ DES PARTIES CONTRACTANTES.

Sachant ce qu'est l'assurance sur la vie et comment elle se prouve, nous allons rechercher quels sont les personnages en scène dans le contrat, quel est le rôle de chacun des acteurs et conformément à l'article 1108 du Code civ. quelles sont les conditions de capacité que nous devons leur reconnaître pour que le contrat soit valable.

Nous avons quatre personnes juridiques qui peuvent se trouver en présence :

Le *stipulant*, qui s'oblige à payer des primes en compensation du capital qui lui sera versé (c'est à tort que fréquemment l'on confond ce personnage avec l'*assuré*).

L'*assuré* ou celui dont la mort doit servir d'échéance au contrat;

L'*assureur*, qui s'engage à verser le capital assuré entre les mains du dernier personnage;

Et enfin le *bénéficiaire* qui recueillera le capital stipulé.

Nous ne rencontrerons pas forcément ces quatre acteurs dans tous les contrats d'assurance sur la vie et très-fréquemment les :... se trouvant cumulés, le stipulant et l'assuré ne feront qu'une seule et même personne physique ; de même le stipulant et le bénéficiaire ne feront qu'un. Le rôle de l'assureur est seul incompatible avec les autres.

Ces définitions étant posées, nous étudierons dans quatre subdivisions quelles sont les qualités que doivent remplir nos quatre personnes juridiques.

1° Qui peut remplir le rôle de stipulant ?

2° Sur la tête de qui la stipulation peut se faire?

3° Qui peut être assureur ?

4° Qui peut être bénéficiaire ?

§ 1er. — *Qui peut remplir le rôle de stipulant ?*

En principe toute personne est capable de souscrire une police d'assurance sur la vie (art. 1123 C. civ.).

La capacité, telle est la règle; d'où il suit que c'est à celui qui prétend qu'une personne est incapable de contracter à en fournir la preuve (1).

Les exceptions à cette règle se trouvent dans l'article 1124 du Code civil d'après lequel les incapacités de contracter sont de deux sortes ; les unes générales, les autres spéciales.

Les premières sont constitutives de l'état de la personne ; tandis que les autres sans modifier sa capacité, sont seulement prohibitives de certains actes.

Nous ne chercherons pas à rallier dans une théorie générale ces incapacités spéciales, qui se trouvant écrites dans les divers titres du Code civil sont relatives à certains contrats qui n'ont rien d'immédiatement commun avec celui qui fait l'objet de cette étude. Aussi notre attention se portera-t-elle d'une façon plus directe sur les incapacités générales auxquelles sont soumises trois classes de personnes.

A. — *Les mineurs* ce qui s'entend des mineurs émancipés et des mineurs en tutelle.

B. — *Les interdits* ce qui comprend les individus pourvus d'un conseil judiciaire, les individus placés dans un établissement public d'aliénés dont la capacité générale est modifiée par la loi du 30 juin

1. Demolombe. *Donations entre-vifs et testaments*, t. I, n° 322.

1838, et enfin les personnes civiles ou morales, qui telles que les communautés se trouvent dans un état de minorité ou de tutelle.

C. — *Les femmes mariées.*

A. — La première classe d'incapables, énumérée par la loi est celle des mineurs, parmi lesquels nous devons distinguer avec l'article 1305 du C. civ. : les mineurs émancipés de ceux qui ne le sont pas, les décisions s'appliquant aux uns ne pouvant toujours s'appliquer aux autres.

1° Aussi nous demandons-nous quel sera le sort d'un contrat d'assurance sur la vie contracté par un mineur non émancipé. Est-ce *ipso jure* qu'un semblable contrat fait par un mineur en tutelle sera nul ? Ou bien est-il nécessaire qu'il y ait préjudice pour ce mineur ?

Une distinction doit s'établir entre :

a. — Les actes qui ne sont soumis à aucune formalité spéciale.

b. — Les actes soumis à des formalités spéciales (1).

a. — Il s'est formé trois systèmes dont nous ne voulons que résumer en quelques mots les conclusions.

D'après le premier système le mineur non émancipé est restituable *comme mineur* toutes les fois qu'il s'agit d'un acte qui devait être fait par son tuteur.

Il est restituable, *comme lésé*, pour les actes régulièrement faits par son tuteur.

Le second système soutient au contraire que la restitution pour cause de lésion ne s'applique qu'aux actes faits par le mineur seul et qui devaient être faits par son tuteur.

Enfin le troisième système qui est victorieusement réfuté par M. Colmet de Santerre est celui de M. Demante qui soutient que la restitution pour lésion s'applique aussi bien aux actes faits par le mineur qu'à ceux faits par le tuteur ou par le mineur émancipé assisté de son curateur.

1. Demolombe, des contrats, t. VI, n. 95.

Nous n'insisterons pas sur ces diverses théories, ces discussions
étant aujourd'hui purement doctrinales et cette question n'ayant
guère qu'un intérêt historique, puisqu'on décide d'une manière
presque générale avec le second système que, en tant que l'acte n'est
pas soumis à des formes spéciales, ce n'est pas à cause de sa minorité que le mineur se trouve incapable, mais à cause de la lésion qu'il
subit, aussi, l'ancien principe des lois romaines se trouve toujours
vrai : « *Restituitur minor non tanquam minor sed tanquam læsus.* »

Cette doctrine qui est celle de la Cour de Caen (1) est confirmée par
un arrêt de la Cour de Lyon du 8 juin 1865, rapporté dans Dalloz,
66-2-51, qui dispose formellement que les engagements contractés
par un mineur et pour lesquels la loi n'a point déterminé de formes
spéciales, ne sont pas nuls pour cause de minorité ; mais, seulement, rescindables pour cause de lésion.

L'on doit dire qu'en matière d'assurances sur la vie, cette lésion
sera souvent fort difficile à prouver, à cause du caractère aléatoire
du contrat. Il est cependant des hypothèses où la preuve de cette
lésion ne saurait souffrir de difficulté.

Il y aura certainement lésion dans le cas d'une assurance contractée sur la vie d'un débiteur notoirement solvable. L'assurance
cause, en effet, au mineur un préjudice, en exigeant le paiement de
primes qui peuvent s'élever à un chiffre important si le débiteur,
sur la tête duquel l'assurance est contractée, ne meurt qu'à un âge
avancé.

Il se présente ici une hypothèse délicate où il importe de se demander si la rescision pour cause de lésion doit exister?

Primus mineur a contracté une assurance sur la vie au profit d'un
de ses créanciers ; il meurt, la rescision pour cause de lésion pour-
rait-elle être invoquée?

Assurément non, en effet, le mineur ne peut lui-même invoquer

---

1. 10 novembre 1811, *Aff. Jacquelin, Jurisp.*, Cour de Caen, 1816 pag. 15.

la rescision pour cause de lésion, car pour savoir si le contrat doit
être pour son patrimoine une cause de préjudice, il est nécessaire de
se reporter au moment de l'exécution complète du contrat; or, à ce
moment le mineur ne vit plus puisque par hypothèse c'est sa mort
qui détermine l'échéance de l'obligation de l'assureur.

Nous ne pensons pas que ses héritiers majeurs puissent davantage
faire rescinder l'assurance contractée car ils ne sauraient se prévaloir
de la lésion que dans les cas limitativement déterminés par la loi.

Il leur serait d'ailleurs impossible de prétendre tenir de leur
auteur l'action en rescision qu'ils voudraient intenter, celui-ci n'a
pu, en effet, transmettre une action qu'il n'avait pas lui-même; la
lésion n'ayant été constatée qu'au décès et ne produisant d'action
qu'à cette époque seule (art. 1306 C. civ.).

b. — Nous arrivons ainsi tout naturellement avec l'hypothèse que
nous avons choisie, à nous demander quel sera le sort de l'assurance
sur la vie contractée par le mineur sur sa propre tête dans le but de
faire une libéralité?

Dans ce cas, pour que l'acte soit nul, il n'est pas nécessaire qu'il
y ait lésion pour le mineur, car c'est *ipso jure* que l'assurance contractée n'a pas d'existence; le mineur, d'après les articles 903 et
904 du C. civ. ne pouvant disposer à titre gratuit.

Nous savons que l'on pourrait nous dire que, comme dans la première division nous sommes toujours en présence d'un contrat d'assurance sur la vie et que la distinction établie par nous d'actes soumis à certaines formalités, d'actes qui n'y sont pas soumis, ne saurait
exister dans une semblable hypothèse.

Nous répondrons que s'il est vrai que la libéralité qui intervient
ici n'est que l'accessoire d'une convention à titre onéreux contractée
entre le mineur et l'assureur, cette libéralité emprunte à ce dernier
contrat sa validité au point de vue des règles de forme, mais non
au point de vue des règles de fond, régissant la capacité du dispo-
sant et du bénéficiaire.

Dans ce dernier cas le contrat étant nul ne peut donner lieu à une ratification tacite, résultant du silence du mineur pendant un temps, qui couvrirait par une prescription le vice dont il est entaché. Il ne peut pas davantage, être ratifié expressément par un acte confirmatif.

Il est autrement pour la première division, c'est-à-dire pour le cas où le contrat n'est qu'annulable à cause de la lésion subie par le mineur. Ce dernier peut alors couvrir la nullité soit expressément, soit tacitement.

Expressément, par un acte confirmatif, dans la forme indiquée par l'article 1338 du C. civ., lorsqu'il est devenu majeur.

Tacitement, par la prescription décennale édictée par l'article 1304 du C. civ. courant à partir de la majorité. Et enfin par le payement d'une prime annuelle intervenue depuis la majorité.

Droits du tuteur en matière d'assurances sur la vie. — A côté du mineur la loi a placé pour le protéger et le représenter dans les actes de la vie civile relatifs à son patrimoine (nous exceptons le testament et le contrat de mariage) le tuteur dont elle règle les attributions dans un titre spécial. Article 450-468.

Ce protecteur, ce représentant du mineur, le tuteur pourra-t-il faire une assurance en cas de décès au nom et pour le compte du mineur ?

Eliminons d'abord comme évident, que le tuteur ne pourrait faire une assurance sur la vie qui serait une libéralité pour un tiers. Disons toutefois qu'un semblable contrat serait légalement fait, si ce tiers était un créancier du mineur ; dans ce dernier cas, ce ne serait plus, en effet, un acte de libéralité, mais un acte de fort sage administration.

Mais où la question devient délicate, c'est dans l'hypothèse suivante :

L'assurance est contractée par le tuteur sur la tête d'un tiers au profit du mineur, le contrat est-il valable ?

Pour nous, nous ne le pensons pas, et les motifs qui entraînent notre décision sont les suivants.

Le tuteur, il est vrai, n'est pas tenu par la loi à faire un emploi déterminé des capitaux de son pupille, et elle lui laisse, sous sa responsabilité, le droit de les employer de la façon la plus avantageuse ; mais il est nécessaire que le mineur, devenu majeur, retrouve ses capitaux à sa majorité. Aussi nous ne pensons pas qu'il rentre dans l'esprit de la loi d'autoriser le tuteur à contracter un placement aussi aléatoire que l'assurance en cas de décès.

On comprend difficilement en effet qu'en présence de l'article 1718 du C. civil qui ne maintient à l'expiration de la tutelle, que pour neuf ans, les baux passés par le tuteur, on reconnût à ce dernier le droit de priver le pupille d'une grande partie de ses revenus.

On nous objectera peut-être que le mineur devenu majeur pourra racheter son contrat et se dispenser d'entretenir l'assurance pour l'avenir.

Il nous suffira de signaler, qu'il y aura là une source de préjudice imposée au pupille pour que l'argument tombe de lui-même. Ce rachat ne lui donnerait en effet que l'équivalent exact de ses déboursés sans l'indemniser de l'intérêt de ses capitaux ; ce qui est contraire aux dispositions de l'article 455 du Code civil.

Empressons-nous de dire cependant que notre solution serait tout autre si l'assuré était débiteur du mineur, l'assurance dans ce cas étant considérée comme une garantie de sa créance.

Une semblable nullité n'étant que relative pourra toujours être couverte par une ratification de la part du mineur et dans le cas de perte pour l'assureur il aura un recours contre le tuteur.

2° Nous avons dit que les décisions s'appliquant au mineur non émancipé ne pouvaient être les mêmes lorsqu'il s'agit d'actes accomplis par un mineur émancipé et pour le prouver il nous suffira d'exposer la situation juridique de ce dernier et sa capacité vis-à-vis des biens dont il est possesseur.

Les articles 481 et 482 du Code civil nous montrent le mineur émancipé comme capable d'employer seul ses revenus et de faire tous les actes de pure administration sans pouvoir placer ses capitaux en omettant l'assistance de son curateur.

Partant du principe posé dans ces textes nous arrivons à penser que le mineur émancipé pourra seul, sans l'assistance de son curateur, contracter valablement une assurance sur la tête d'un tiers en tant que les primes qu'il devra payer ne dépasseront pas ses revenus. Il y aura là, en effet, un acte de bonne administration pour lequel la capacité lui est reconnue par les articles sus-visés.

Dans le cas où un semblable contrat aurait quelque chose d'exagéré, les articles 484 et 1305 du Code civil, y apporteraient une juste pondération. Le premier au moyen de la réduction en cas d'excès et le second par l'action en rescision pour cause de lésion dont il est armé comme le mineur ordinaire.

Si, comme dans une des hypothèses prévues par nous, lorsqu'il s'est agit du mineur non émancipé, il avait contracté une assurance sur sa tête dans le but de faire une libéralité à un tiers, nous soutenons, par les motifs donnés page 60, que, si ce tiers n'est pas un créancier, l'assurance sera nulle.

B. — Aux termes de l'article 502 du Code civ. :

« L'interdiction ou la nomination d'un conseil aura son effet du « jour du jugement. Tous actes passés postérieurement par l'interdit « ou sans l'assistance du conseil, seront nuls de droit. »

Ces derniers mots de l'article 502 *nuls de droits* pourraient nous porter à croire que ce texte implique l'inexistence des actes faits par l'interdit durant son interdiction ; mais il n'en est rien.

En effet, les actes faits par l'interdit durant son interdiction ne sont pas nuls de plein droit, mais seulement annulables et dans l'intérêt de l'interdit seul, c'est ce qui résulte des articles 1304 et 1125 du Code civil, aux termes de ces articles la nullité se couvre par la prescription de dix ans à partir du jour de l'interdiction levée ou de la mort de l'incapable, et c'est seulement l'interdit ou ses représentants qui ont le droit de se prévaloir de cette nullité.

Ce qui distingue l'annulation qui atteint les actes de l'interdit de celle qui frappe ceux des mineurs c'est que les actes du mineur ne sont annulables qu'en tant qu'il a été lésé, tandis que la lésion n'a pas besoin d'exister lorsqu'il s'agit d'un interdit, c'est à cause de l'incapacité de ce dernier qu'ils se trouvent entachés d'un vice.

Partant de là, nous arrivons à dire que le contrat d'assurance consenti par un interdit est annulable pour cause d'incapacité.

Mais, est-ce tout contrat d'assurance, quel qu'il soit, qui est annulable pour cause d'incapacité et n'y a-t-il pas des exceptions à cette règle ?

Nous arrivons ainsi à la solution d'une question célèbre dans la doctrine : celle de savoir si un interdit peut contracter une assurance sur la vie lorsque ce contrat a pour but de faire une libéralité à un tiers ?

En général, les droits d'un incapable peuvent être exercés à sa place par un tuteur, mais le testament, la donation, en un mot les actes de bienfaisance constituent des actes pour lesquels la volonté d'une personne ne peut être suppléée par celle d'une autre.

De là l'alternative suivante :

Ou l'interdit sera déclaré absolument incapable de faire ces actes, ou l'on devra admettre qu'il est apte à les faire lui-même s'il se trouve dans un intervalle lucide. Telle est la théorie qui nous a été enseignée par notre illustre maître M. Demolombe, théorie appuyée sur :

1° La tradition ;

2° La science médicale ;

3° La combinaison des articles 502 et 509 avec l'article 450;

4° La nature de la protection accordée à l'interdit.

1° A Rome, il était hors de doute que l'individu privé de raison avait dans ses intervalles lucides un droit d'action dont on entend le priver aujourd'hui (Inst. lib. II, t. XII § 1);

2° Le D' Esquirol déclare formellement que « pendant les intervalles lucides et l'intermittence, l'aliéné jouit de la plénitude de sa raison ; il a la conscience des actes qu'il commet ; rien n'ébranle un aliéné qui est dans un intervalle lucide » (1) ;

3° La nullité de plein droit prononcée par l'article 502 ne s'applique évidemment qu'aux actes pour lesquels l'incapacité existe. L'article 509 assimile l'interdit au mineur en tant qu'il s'agit de l'application des règles de la tutelle et des attributions du tuteur, et l'article 450, tout en déclarant que le tuteur représente le mineur dans tous les actes civils, ne comprend que les actes à l'égard desquels la représentation est possible ;

4° La nature de la protection accordée à l'interdit est, à notre avis, la base la plus puissante de ce système et nous n'avons rien de mieux à faire que de citer textuellement les paroles de notre maître : « La tutelle, quelle qu'elle soit, des mineurs ou des interdits, est « essentiellement une mesure de protection ; elle n'a pas pour but et « elle ne doit pas avoir assurément pour résultat de frapper, celui « qu'elle protège, d'une sorte de mort civile ; or, c'est là évidem- « ment qu'en vient la doctrine que je combats, doctrine inhumaine « non moins qu'illogique. »

« Je dis qu'une loi qui éteindrait dans la personne de l'interdit « ceux des droits qu'il ne peut exercer que pour lui-même, c'est-à- « dire les droits les plus précieux, les plus chers à l'homme, tour- « nerait son excessive protection en tyrannie (2). »

L'interdit n'étant pas plus représenté pour la donation qu'il ne l'es pour le testament, il nous semble qu'il est logique de soustraire, con trairement à l'opinion de M. Demolombe, la donation à l'empire de

1. D' Esquirol, t. I, p. 79 et suiv.
2. M. Demolombe, t. VIII, p. 430.

L.   5

l'article 502 et de dire avec M. Valette (1) que toute donation faite dans un intervalle lucide par un interdit, est valable et ce, par les motifs déduits plus haut.

Nous arrivons ainsi à décider qu'une assurance sur la vie faite *donandi animo* par un interdit, est valable, à moins que les personnes intéressées à la faire annuler ne prouvent que l'auteur n'était pas sain d'esprit au moment où il a contracté.

Quid du tuteur de l'interdit? — L'article 510 indique formellement que les revenus de l'interdit doivent être employés à adoucir son sort et à faciliter sa guérison; aussi, le tuteur ne doit-il s'occuper absolument que du présent sans songer à l'avenir; aussi, l'assurance sur la vie grevant le présent au profit de l'avenir ne saurait être contractée valablement par le tuteur de l'interdit.

Nous faisons observer cependant qu'une semblable assurance étant seulement annulable et non pas nulle de plein droit, serait susceptible de rectification de la part de l'interdit lui-même après la main-levée de l'interdiction ou de la part de ses héritiers après sa mort et que l'action en rescision qui pourrait être intentée serait soumise à la prescription de dix ans (art. 1304).

De l'interdit judiciaire nous arrivons à nous demander relativement à *l'interdit légal* quel sera le sort d'une assurance sur la vie contractée par lui. Un argument *a fortiori* nous amène à décider qu'un semblable contrat fait par lui durant sa peine sera nécessairement nul. L'article 31 du Code pénal lui défend de toucher aucune portion de ses revenus, par suite d'en disposer.

Quid de l'aliéné? — Nous nous trouvons en présence de la loi du 30 juin 1838 qui, dans ses articles 31 et 33, détermine les pouvoirs de l'administrateur provisoire des biens de la personne non interdite et placée dans un établissement public d'aliénés.

L'ensemble des dispositions de cette loi nous pousse à conclure

1. M. Valette, expl. som., p. 304.

que l'administrateur provisoire serait complétement incapable de faire une assurance au nom et pour le compte de l'aliéné. Quant à l'assurance contractée par l'aliéné lui-même quel sera son sort? Dans ce cas, ce n'est point l'article 502 du Code civil qui est applicable, aucune procédure n'ayant été faite pour constater l'aliénation mentale du contractant ; nous sommes donc encore sous l'empire de la loi de 1838 qui, dans son article 39, déclare que les actes faits par l'aliéné ne sont pas nuls de plein droit, mais seulement annulables pour cause de démence, conformément à l'article 1304 du Code civil. Les dix ans de l'action en nullité courront à dater de la signification faite ou de la connaissance que l'aliéné en aura eue après sa sortie de l'établissement.

De l'article 39 nous pouvons tirer une conclusion très-nette : c'est que l'assurance sur la vie, contractée par un aliéné, pourra être déclarée valable si un état de démence n'est pas établi où l'acte a été consommé.

L'individu pourvu d'un conseil judiciaire ne songera probablement jamais à contracter une assurance; dans le cas cependant, où une aussi bonne pensée s'emparerait de lui, il ne pourra la faire qu'avec l'assistance de son conseil, à moins qu'il ne prenne sur ses revenus pour payer les primes.

C. — *La femme mariée* ne pourra, sans l'autorisation spéciale de son mari ou de justice, contracter une assurance sur la vie. Telle est la règle qui reçoit cependant deux exceptions qui ne font que confirmer le principe.

La femme mariée pourra, en effet, sans autorisation, contracter une assurance sur la vie dans deux cas : 1° Si elle est séparée de biens ; 2° si, mariée sous le régime dotal, elle a des paraphernaux.

Nous traiterons d'une manière toute spéciale, du reste, de l'assurance sur la vie contractée par une femme mariée sous le régime de la communauté, lorsque nous aurons à nous occuper des bénéficiaires du contrat.

§ 2

Sur la tête de qui la stipulation peut-elle se faire ?

Dans la section précédente nous avons vu que pour contracter une assurance sur la vie il fallait, pour le stipulant, remplir certaines conditions de capacité sans lesquelles le contrat se trouvait nul ou annulable.

En est-il de même pour l'assuré?

Il s'est formé une controverse dans laquelle nous avons à prendre un parti. On s'est demandé à quelles conditions la mort d'un tiers pouvait être prise comme échéance du contrat d'assurance? C'est alors sous un double aspect que se présente à nous un semblable contrat.

1er *aspect.*— Le stipulant a un intérêt matériel et pécuniaire à la vie du tiers assuré.

2e *aspect.*— Le stipulant n'a pas d'intérêt matériel à l'existence du tiers assuré.

1er *aspect.*— On comprend facilement comment un stipulant peut avoir intérêt à la vie d'un tiers sur la tête duquel il a contracté une assurance. C'est un débiteur qui doit se libérer par fractions d'une dette contractée envers lui, et qui, n'ayant d'autres ressources que son travail, vient à mourir. Le créancier, l'ayant fait assurer, trouvera dans la somme qui lui sera versée par l'assureur au décès la compensation du préjudice qu'il pourrait subir.

Sur cette hypothèse fut rendu un arrêt célèbre en Angleterre et qui a sa place marquée dans un sujet d'origine britannique. William Pitt fut plus zélé pour les affaires de l'État que pour les siennes propres; aussi contracta-t-il des dettes. Au nombre de ses créanciers se trouvaient les carrossiers Godsaal qui avaient contre lui une créance de 28.000 fr. Ces derniers contractaient, en 1803, sur la tête de cet adversaire de la Révolution Française, une assurance de 12.500 fr. En 1806, Pitt était mort. Par respect pour la mémoire de l'habile administrateur et du grand financier, l'État paya ses dettes au nombre desquelles celle contractée envers les carrossiers Godsaal. Malgré ce remboursement, ils réclamèrent aux compagnies le montant des polices. La Cour du banc du roi repoussa leur demande en prétendant que, conformément au statut de Georges III, l'assurance ne devait pas les indemniser d'une perte qu'ils n'avaient pas subie.

Cet arrêt eut pour conséquence d'éloigner le public ; aussi les compagnies payèrent-elles désormais le capital stipulé dans les polices, sans rechercher le montant de l'intérêt du demandeur. En présence de cette pratique, la jurisprudence chercha à s'élever à sa hauteur en faisant des subtilités de textes. Le statut de Georges III ne disant pas à quel moment l'intérêt devait exister, il fut jugé dans l'affaire *Dalley* entre *Julia* et *London office* et dans l'affaire *Law* contre *London indisputable office* qu'un créancier avait le droit de recevoir de la compagnie le montant intégral de la police souscrite à son profit, bien que désintéressé par les ayant-droits du défunt. Ces décisions laissaient persister la nécessité d'un intérêt, mais il suffisait qu'il ait existé *ab initio contractus* et son absence lors de l'exigibilité de la créance ne devait pas vicier le contrat (1).

En France que se passe-t-il ?

Les auteurs ne veulent voir, pour la plupart, qu'un contrat d'indemnité dans l'assurance en cas de décès et exigent de la part du stipulant un intérêt à la vie de l'assuré, conformément aux principes que nous venons de voir dans le statut de Georges III.

Les arguments qu'ils invoquent se résument ainsi :

a. — Le contrat d'assurances en cas de décès est un véritable

1. M. de Montluc, *loc. cit.* p. 151.

contrat d'assurances, qui a pour objet et chose assurée la vie ; son caractère distinctif comme celui de tout contrat d'assurances c'est d'être un contrat d'indemnité. Si par suite de la mort de l'assuré le stipulant n'éprouve pas de préjudice, le contrat est nul faute de cause, puisqu'il ne servira à réparer aucune perte.

b. — S'il n'y pas d'intérêt à réparer pour le contrat d'assurances en cas de décès ce n'est plus qu'un jeu, qu'un pari ; c'est un contrat *de lucro captando*, une loterie.

c. — Enfin, le dernier argument est tout moral. Un semblable contrat, dit-on, ne peut être que dangereux pour l'ordre public ; il renferme, en effet, un *votum mortis.* Or, l'article 1130 du Code civil tend à faire écarter tout ce qui pourrait pousser au désir la mort du costipulant (1).

Ne faisant qu'exposer les arguments qui se sont produits en faveur de cette première manière d'envisager l'assurance en cas de décès nous ne parlerons que dans le second aspect, sous lequel se présente le contrat, des réfutations que nous croyons devoir donner de ces arguments.

Pour nous nous pensons, en effet, que non-seulement l'assurance sur la vie est valable lorsqu'elle est contractée sur la tête d'un individu à l'existence duquel le stipulant a intérêt ; mais bien plus qu'elle est même légalement faite lorsque la mort du tiers assuré n'est pas une cause de préjudice pour le stipulant.

Ayant posé la doctrine indiquons le plus célèbre des arrêts qui l'ont appuyée de leur autorité.

C'est un arrêt de la Cour de cassation rendu le 11 décembre 1853 (2) dans une aff. La *Providence c. Ledoux.* Cet arrêt en parfait accord avec la théorie que nous venons d'exposer en confirmait un

1. Troplong, des contrats aléatoires, n° 167. Quesnault, des ass. terres. n° 2050. Alauzet, des assur. t. 11, n° 551. Gune et Joliot, t. II, n° 377. M. de Montluc, *op. cit.* chap. V, p. 140 et suiv.
2. D. p. 1854. 1, 368.

de la Cour de Paris dont les motifs seuls étaient changés. Nous nous efforcerons de défendre dans notre seconde hypothèse les motifs de la Cour de Paris qui, pour nous, sont les seuls juridiques en semblable matière.

Ceci posé nous allons étudier le second aspect sous lequel peut se présenter l'assurance en cas de décès relativement à la qualité de l'assuré.

Deuxième aspect. — Dans le cas où l'intérêt à la vie de l'assuré n'existe pas pour le bénéficiaire, doit-on déclarer le contrat nul comme étant une simple gageure? Telle est la question. Nous avons déjà indiqué quelle était la théorie des auteurs et celle qu'avait consacrée la Cour de cassation dans un arrêt de 1853. Aussi c'est sous cette hypothèse que nous devons exposer notre théorie et réfuter celle qui a été présentée avec la plupart des auteurs par M. de Montluc et par la Cour de cassation dans l'arrêt précité.

Nous prétendons que même sans intérêt dans l'existence de l'assuré le contrat d'assurance en cas de décès sera valablement fait et n'aura rien d'analogue avec une gageure, qui, prétend-on, serait, dans ce cas, l'acte avec lequel il devrait être assimilé.

Nous appuyons notre système sur les arguments suivants qui sont la réfutation complète des motifs présentés par la doctrine contraire.

a. — Le premier système se trompe d'abord sur l'objet du contrat et ses conclusions seraient vraies si l'objet assuré était la vie. Aussi de même que je ne puis assurer une maison à la conservation de laquelle je n'ai aucun intérêt, je ne puis de même assurer la vie d'une personne à l'existence de laquelle je ne suis pas intéressé.

Mais, l'objet du contrat ce n'est pas la vie, mais un capital; et dans l'espèce la vie n'est que le terme incertain de l'inexécution du contrat, conformément aux principes contenus dans l'article 1971 relativement au débi-rentier.

Le premier système prenant pour l'objet ce qui n'est que le terme cet argument ne saurait avoir de valeur.

b. — Le second argument de nos adversaires consiste à dire que sans intérêt à l'existence du tiers assuré le contrat d'assurance en cas de décès dégénère en un pari, en une gageure. C'est la continuation de l'erreur commise par le premier argument relativement à l'objet de l'assurance. Cet intérêt, existe toujours non pas dans la vie de l'assuré, qui n'est qu'un terme, mais dans le capital assuré. Et la preuve la plus certaine qu'il existe c'est que le stipulant paie des primes, qui attestent l'existence d'une chose assurée et une cause dans le contrat.

C'est une gageure, dit-on, mais on oublie qu'il y a obligation synallagmatique, d'un côté obligatoire de la part du stipulant de payer des primes, jusqu'à une époque incertaine qui sera déterminée par la mort du tiers assuré, époque à laquelle naîtra l'obligation de l'assureur de verser son capital.

c. — Restent les argumens d'ordre public basés sur l'article 1150 du Code civil qui défend toute stipulation sur une succession future. On est amené à l'aide de cet article à soutenir que le législateur a voulu écarter tout *votum mortis.*

Qu'il nous soit permis de répondre par deux arguments à celui de nos adversaires.

Notre premier argument est tout historique. M. Gide nous enseigne en effet que le but du législateur en édictant l'article 1150 fut, comme cela se passait dans l'ancien droit, d'empêcher les frères d'abuser de leur influence sus leurs sœurs pour leur faire renoncer en leur faveur à leurs droits successoraux.

L'argument de texte est que si le législateur avait voulu éviter le *votum mortis*, il eût interdit les institutions contractuelles, le contrat de rente viagère, le pacte d'usufruit; il eût même été forcé de supprimer le titre des successions.

Cette théorie a été sanctionnée par de nombreux arrêts.

Nous citerons d'abord un arrêt de la Cour de Limoges (2), en date

1. Gide, de la Condition des femmes.
2. D. P. 1837, 2, 70.

du 2 décembre 1836, qui s'exprime dans les termes les plus formels :

« Attendu que nos lois ne s'étant pas occupées spécialement des assu-
« rances sur la vie, n'ont pu imposer à la personne qui reçoit une somme
« d'argent, dans le cas du décès d'un tiers, sur la tête duquel a été faite
« une assurance, l'obligation de justifier soit à l'époque de son contrat soit
« lors de l'événement accompli, de son intérêt à la vie de ce tiers.

« Attendu que c'est sans motif suffisant que l'on prétend que l'assu-
« rance faite sur la tête d'un tiers, à la vie duquel l'assuré n'a pas d'in-
« térêt, a une cause illicite, contraire à l'ordre public et à la sûreté de ce
« tiers ; qu'il faudrait aussi proscrire les rentes viagères, les usufruits et
« les dispositions testamentaires, comme entachés d'immoralité et pouvant
« présenter des dangers plus grands encore.

« Attendu qu'on ne peut pas assimiler le contrat d'assurances sur la vie
« des hommes au jeu et au pari, parce que par le premier, l'assureur
« promet de payer à l'associé une somme si un événement arrive dans un
« temps fixé et l'assuré à son tour s'oblige de compter chaque année à l'as-
« sureur durant ce même espace de temps une prime ; il y a donc intérêt
« pour les deux parties, tandis que le jeu et le pari n'offre d'avantage que
« pour un seul celui qui gagne ; qu'aussi l'article 1965 du code civil refuse
« toute action pour le paiement d'un parti. Tandis que ni cet article, ni
« aucun autre n'a de prohibition pour les actions résultant des assurances
« sur la vie. »

Tel est le premier arrêt qui fut rendu sur cette grave matière et
qui se vit en butte à la critique de Troplong (1) dans son traité des
contrats aléatoires.

Puis alors vient l'arrêt de la Cour de Paris (2) dont nous avons parlé
dans notre dernière hypothèse, arrêt que confirma la Cour de Cassation en changeant les motifs, qui avaient déterminé le juge. Cet arrêt
était cependant fort bien motivé ; il reconnaissait que l'assurance en
cas de décès sur la tête d'un tiers à l'existence duquel on n'a pas

1. Troplong. *Des contrats aléatoires* n° 107. Alauzet p. 171.
2. D. P. 1851, 1, 368.

intérêt est un contrat licite n'ayant de l'assurance que le nom, mais qui, contenant une convention, doit s'exécuter conformément à l'article 1134 du Code civil.

La question s'est également posée dans une espèce un peu plus compliquée que les précédentes, mais qu'il est impossible de passer sous silence lorsqu'on s'occupe d'assurance sur la vie ; nous voulons parler de la trop célèbre assurance la Pommeraie.

Le D' Couty de la Pommeraie avait amené Mme Vve de Pauw à faire assurer sur sa tête par diverses compagnies une somme de 350.000 fr. exigibles à l'époque de son décès. Huit polices d'assurances furent souscrites aux compagnies *la Nationale, l'Union, la Caisse Paternelle, le Phénix, le Gresham,* etc... ; du 11 au 21 juillet 1863. La Pommeraie s'étant chargé du paiement des primes se fit transférer du 16 au 29 août de la même année les huit contrats souscrits par Mme de Pauw. Pour décider Mme de Pauw à souscrire ces huit polices, la Pommeraie avait imaginé un singulier stratagème. Il avait persuadé à sa cliente qu'elle pourrait immédiatement tirer parti des contrats d'assurances souscrits par elle en prenant une substance qu'il lui donnerait et qui la rendant malade pendant quelques jours pousserait les Compagnies à lui demander la résiliation du contrat moyennant une rente viagère de 6,000 fr. dont ils devaient se partager le bénéfice. Mme de Pauw prit le poison qui ne devait que l'indisposer et La Pommeraie l'empoisonna. Arrêté et condamné par la Cour d'assises de la Seine, le 17 mai 1864, il fut condamné à mort et exécuté.

Au procès criminel succéda un procès civil célèbre entre tous ceux qui ont été jugés en pareille matière. Les héritiers de Mme de Pauw voulurent faire juger contre la succession de La Pommeraie la nullité des cessions, des transferts, testaments et autres actes par lesquels celui-ci s'était fait attribuer le bénéfice des polices. Les Compagnies intervinrent au débat et demandèrent la nullité des contrats au regard des deux parties et elles basaient leurs prétentions d'après les con-

clusions d'une consultation de M. Dufaure (1) sur: 1° le défaut d'intérêt de la part de La Pommeraie à la continuation de la vie de
Mme de Pauw; 2° et on arrivait à déduire de là l'immoralité du contrat; 3° Le contrat serait-il valable *ab initio*, disait M. Dufaure, il
serait annulé vis-à-vis de La Pommeraie, car ce que les compagnies
avaient pu prévoir en contractant, c'était la mort naturelle et non
celle arrivant par le fait de celui qui devait en profiter; 4° enfin le
contrat devait être nul également au regard des héritiers de Mme de
Pauw, car elle avait, en contractant, été animée d'une intention
dolosive.

Le tribunal civil de la Seine donna gain de cause aux compagnies,
mais ne se prononça par sur la première question, et rien dans les
considérants ne prouve qu'il ait regardé comme annulable une assurance en cas de décès sans existence d'intérêt à la vie de l'assuré. En
ne s'arrêtant pas au moyen du besoin d'intérêt qui lui était offert, le
tribunal reconnaissait virtuellement que cette condition n'était pas
nécessaire à la validité du contrat. Conformément aux conclusions
de M. Aubépin, le tribunal de la Seine basa sa décision sur ce que
Mme de Pauw avait été complice de la Pommeraie.

La quatrième chambre du tribunal civil de la Seine rendait le 20
janvier 1869 un jugement tout-à-fait conforme à la théorie que nous
soutenons. Voici l'espèce : une assurance avait été contractée sur la
tête d'un tiers, le stipulant se réservant le droit de transférer à ce
tiers le bénéfice de l'assurance par un simple avenant sur la police.
Le tiers mourut sans qu'il eût été fait aucun avenant. La compagnie
refusait le paiement de la somme stipulée, en dehors de la présence
et du consentement des héritiers du tiers décédé. Le tribunal sans
mettre en doute la validité de l'opération rejeta la prétention de la
compagnie et la condamna à verser le montant de l'assurance (2).

Un avis du Conseil d'État publié dans une instruction du ministère

1. Pouget. *Journal des ass.* t. XVI, p. 166.
2. *Journal des Ass.* t. XXI. p. 44.

de l'intérieur en date du 18 juillet 1818 et une ordonnance royale du
20 juillet 182(. . ent ; consentement de la personne qui joue le
rôle d'assuré ; . . : :ac i. contrat d'assurance soit légalement passé.
On s'est efforcé a. 'ir . de cette nécessité pour l'assuré de donner
son consentement un argument en faveur du premier système qui
soutient qu'un intérêt est nécessaire.

Quant à nous, nous ne comprenons pas comment l'on trouverait
dans le consentement du tiers assuré à prêter sa vie comme limite
au contrat la preuve que le stipulant a un intérêt à son existence.
Nous y voyons bien plutôt pour le tiers assuré une source de gain
dans l'autorisation qu'il donne de laisser spéculer sur sa vie. Nous
ne considérons donc pas ce consentement comme étant *en droit* un
élément essentiel du contrat. En effet, l'article 1971 du Code civ.
dans le cas de rente viagère n'exige nullement le consentement de
celui sur la tête duquel la rente est constituée ; aussi croyons-nous
qu'il doit en être de même pour le contrat d'assurances sur la vie.

En fait le consentement du tiers assuré sera toujours donné, les
statuts des compagnies d'assurances contenant tous cette obligation
qui leur est inspirée par leur décret d'autorisation.

Nous résumons donc notre théorie en disant que si quelquefois
l'assurance en cas de décès est un contrat d'indemnité une semblable
convention ne sera cependant pas nulle par le fait pour le stipulant de n'avoir aucun intérêt à la vie du tiers assuré ; ne nous trouvant pas dans ce cas en présence d'un contrat d'assurances proprement dit, mais conformément à la jurisprudence de la Cour de Paris en
présence d'un contrat commutatif *do ut des*. Enfin, avons-nous dit,
l'on ne saurait trouver l'intérêt à l'existence du tiers assuré, dans
l'obligation imposée à ce dernier de donner son consentement.

Nous en arrivons ainsi à nous demander s'il n'est pas des cas où
l'assurance est pour le stipulant un véritable contrat d'indemnité,
un contrat consenti par lui pour se mettre à l'abri d'une perte, d'un
préjudice. Nous avons déjà exposé cette théorie et c'est ce que nous

avons appelé l'*assurance de solvabilité*, qu'il faut bien se garder de confondre avec l'autre espèce de contrat, qui lui, est contracté sur la vie d'un tiers, tandis que celui-ci est contracté sur la solvabilité d'un créancier.

Dans le cas d'assurance de solvabilité j'assure un capital créé existant, mais je veux le mettre à l'abri de l'insolvabilité d'un débiteur aussi à la mort du débiteur je n'ai droit qu'au chiffre me restant dû par lui.

Au contraire dans l'assurance sur la tête d'un tiers, je n'ai pas encore de capital créé, c'est par le paiement des primes que j'arriverai à réaliser un capital qui n'existe pas encore.

Le même caractère se trouve dans le contrat d'assurances sur la vie d'un débiteur, chargé de payer les primes et avec la Cour de Paris nous reconnaissons aux héritiers du débiteur le droit d'exiger comme leur appartenant ce qui restera du capital après l'extinction de la dette (1).

Il nous reste à nous demander quelle est la règle relativement aux conditions de capacité que nous devons rencontrer chez l'assuré ; c'est-à-dire les règles de capacité que nous avons formulées relativement au stipulant lui sont-elles applicables ?

Ainsi nous avons vu qu'en fait les compagnies sont tenues aux termes de leurs statuts d'obtenir le consentement du tiers assuré ; si ce dernier est un mineur non émancipé, le consentement exigé de lui pourrait-il être suppléé par celui de son tuteur, où s'il est mineur émancipé, femme mariée pourvue d'un conseil judiciaire, doit-on, outre ce même consentement, obtenir l'adhésion du curateur, du mari, du conseil ?

En fait cette manière de procéder est devenue la règle, à nous de décider si en droit il pourrait en être autrement.

M. de Montluc (2) pense avec M. Alauzet que pour le tiers assuré

_____

1 Arrêt de la Cour de Paris 16 août 1860. — *Par analog.* D. P. 1877, 1, 241.
2. Des ass. sur la vie. page 170.

le contrat est une *res inter alios acta* et que le consentement n'étant qu'une formalité, il n'y a pas lieu de s'occuper de sa capacité juridique.

C'est en effet une formalité qui pour nous, au point de vue du droit civil n'est, comme nous l'avons exposé, nullement nécessaire, mais qui étant exigée peut avoir pour celui qui la remplit des conséquences graves. Aussi ce sont ces conséquences mêmes qui nous obligent à repousser la doctrine de MM. Alauzet et de Montluc. En effet, en intervenant au contrat, le tiers assuré s'oblige tacitement à ne rien faire qui puisse aggraver la situation des contractants ; or étant aux yeux de la loi incapable de donner un consentement parfaitement éclairé, il est nécessaire que ses représentants légaux viennent l'habiliter.

§ 3.

Qui peut être assureur ?

Aux termes des articles 1123 à 1125 du Code civil toute personne capable de contracter peut devenir assureur. Il est de plus nécessaire dans certaines circonstances que nous indiquerons dans la suite d'avoir la capacité commerciale.

En réalité, les opérations d'assurances sur la vie sont faites par de grandes compagnies financières qui peuvent adopter toutes les formes de sociétés reconnues par nos lois, sociétés en nom collectif, en commandite ou sociétés anonymes. Quelle que soit leur forme elles peuvent employer deux systèmes de constitution : *la prime fixe et la mutualité.*

L'assurance à prime est une opération à forfait faite entre l'assureur et l'assuré. Le premier s'oblige à verser à une époque incertaine un capital entre les mains d'un tiers déterminé ou de l'assuré lui-même, moyennant le paiement par ce dernier d'une prime fixe. Dans ce système, les assureurs sont des capitalistes, des actionnaires dont l'apport constitue le fonds social et qui ont pour bénéfice de leur entreprise, la différence existant entre les primes versées par l'ensemble des souscripteurs et le montant des capitaux déboursés. Dans le cas où les versements à faire par la compagnie ont été supérieurs aux recettes ce sont ces capitalistes ou ces actionnaires qui supportent le surplus sur le capital social.

Ces sociétés à prime sont des sociétés commerciales, des agences d'affaires, spéculant sur les services qu'elles rendent au public et rentrant dans la catégorie des actes énumérés dans les articles 631 et 632 du Code de commerce. Et, comme nous le disions en commençant, pour faire de semblables opérations, il faut non-seulement avoir la capacité générale de contracter, mais encore celle de faire le commerce. Aussi les articles 2 à 7 du Code de commerce s'appliqueront à l'assureur mineur émancipé ou non et à la femme mariée, même séparée de biens.

L'assurance mutuelle voit au contraire les rôles confondus. Elle se compose non plus d'actionnaires en présence de souscripteurs, mais de souscripteurs en présence d'autres souscripteurs. En un mot, les assurés se garantissent les uns les autres et sont en même temps les assureurs et les assurés.

La masse des primes versées par les sociétaires compose le fonds social et l'excédant d'actif sur le passif, après avoir formé un fonds de réserve prévu par les statuts, doit se répartir entre tous les souscripteurs selon une certaine proportion. Quant à l'excédant du passif sur l'actif, il se répartit sur le montant des polices par sa réduction lors de l'échéance du terme.

Contrairement aux sociétés à prime fixe les assurances mutuelles ne sont pas des sociétés commerciales. Elles ne font pas, en effet, d'actes de commerce, leur seul but étant de recruter des membres qui se gouvernent eux-mêmes. Elles ne font pas d'acte de commerce, car cela implique, conformément aux articles 632 et 633 du Code de com., un bénéfice à réaliser tandis que dans la constitution de ces sociétés, le but n'est pas le gain, mais le désir de se mettre à l'abri d'une perte.

Chacune de ces constitutions différentes des sociétés d'assurances sur la vie, offre des avantages et des inconvénients aussi une compagnie anglaise « Provident life office » a cherché à s'établir sur une combinaison mixte. Une part des bénéfices est donnée aux actionnaires, et l'autre part aux souscripteurs.

Connaissant les diverses formes de sociétés d'assurances, voyons quelles sont les conditions exigées pour leur établissement. — Ces sociétés, quelles qu'elles soient, doivent être autorisées par le gouvernement, qui d'après l'article 66 de la loi du 24 juillet 1867, a sur elles un droit de surveillance et pour mission d'examiner la légalité des statuts, et les garanties offertes au public par les administrateurs (1).

La société, une fois autorisée par décret, peut consentir des assurances, par l'intermédiaire de son directeur et de ses agents qui agissent sous le contrôle du conseil d'administration. Ces agents étant les mandataires du directeur toutes les fois qu'un tiers aura agi de bonne foi avec eux, ce dernier sera recevable à faire exécuter les engagements, même hors de leur mandat, qu'ils auront pris envers lui au nom de la Compagnie en tant qu'il n'y aura pas de contravention à des clauses destinées à être connues du public.

Auprès des compagnies, la loi des 11-15 juillet 1868 a placé un assureur d'un caractère tout particulier ; l'État dans un but philantropique s'est chargé des opérations, qui à cause de leur peu d'importance ne pouvaient être traitées par les compagnies. En effet, c'est à 3000 fr. que l'article 4 de la dite loi fixe le maximum des capitaux assurés. En se faisant assureur l'État cherche à mettre à l'abri du

1. Dalloz. Rép. v. ass. n. 20.

besoin les travailleurs ou leurs familles qui peuvent être atteints par des accidents ou par la mort.

L'Etat ne pouvait et ne devait pas prendre un autre rôle, les moyens et les influences dont il dispose auraient paralysé et anéanti les efforts de l'industrie privée et devant le maître et monopolisateur de cette sorte de contrat, aucune concurrence ne pouvant s'établir c'était arrêter le perfectionnement des assurances sur la vie, et grever le budget par la création d'un nombre considérable de fonctions nouvelles.

§ 4.

Qui peut être bénéficiaire du contrat d'assurance en cas de décès?

Ayant établi dans la section précédente que l'assurance contractée sur la vie d'un tiers était valable, il en résulte que le stipulant peut souscrire ce contrat à son profit personnel et cumuler ainsi les rôles de stipulant et de bénéficiaire.

Mais où la question devient fort difficile, c'est lorsque l'assurance a été contractée sur la propre tête du stipulant au profit de ses héritiers ou ayants-droit, ou au profit d'un tiers déterminé. Ces personnes peuvent-elles être bénéficiaires du contrat? Telle est la question que nous nous proposons de résoudre en distinguant le cas où le bénéficiaire a été déterminé du cas où il ne l'a pas été.

Un tiers déterminé peut-il être bénéficiaire ?

Primus stipule d'une compagnie que moyennant une prime annuelle elle paiera à son décès, à Secundus un capital déterminé, ladite assurance faite à titre de libéralité. Une semblable convention est-elle valable ?

A. — Un premier système s'est formé, qui partant du principe *nemo alteri stipulari potest*, déclare que l'on ne peut en son propre nom

L.   6

stipuler dans l'intérêt d'autrui (1); les arguments qui lui servent de base sont les suivants :

a. L'assurance ne peut appartenir qu'à la victime du sinistre ;

Or, dans l'assurance sur la vie, l'objet assuré est la vie;

Donc, ne peuvent se prévaloir du contrat, que ceux pour lesquels la mort de l'assuré est une cause de préjudice.

b. L'article 1119 du Code porte que « l'on ne peut en général stipuler en son propre nom que pour soi-même. »

Or, une semblable convention présente tous les caractères d une stipulation pour autrui.

Donc elle est nulle.

c. L'article 1130 du Code civil prohibant les pactes sur les successions non ouvertes, l'assurance en cas de décès au profit d'un tiers est une violation de cet article.

d. D'ailleurs, dit M. de Montluc, l'un des défenseurs de cette théorie, un semblable contrat pécherait contre le principe de l'irrévocabilité des donations ; puisque l'assuré a la faculté d'arrêter le contrat en ne payant pas les primes.

e. Enfin, au point de vue de la forme, un semblable contrat serait nul à cause de l'inobservation des formalités prescrites par la loi pour la validité des donations.

Le système de M. de Montluc étant posé, nous allons nous efforcer de le réfuter en présentant d'abord les arguments qui militent en faveur du nôtre et en combattant motif par motif, la décision qu'il a cru devoir adopter dans sa savante étude.

Pour nous, l'assurance contractée par Primus au profit de Secundus est valable.

a. Nous avons soutenu que dans l'assurance en cas de décès, ce n'était pas la vie qui était l'objet du contrat, mais un capital certain. Le premier argument se trouve donc réfuté.

1. M. de Montluc, chap. V.

b. Dans ce contrat il y a deux parties distinctes : 1° Une obligation synallagmatique entre le stipulant et la compagnie d'assurances, obligation à titre onéreux et aléatoire. Le stipulant s'engage, en effet, à payer, jusqu'à son décès, une prime à la compagnie, qui elle de son côté s'oblige à verser, à cette même époque, le capital aux mains du bénéficiaire. 2° Un contrat à titre gratuit entre l'assuré et le tiers, qui recueille le bénéfice de l'assurance sans en avoir fourni l'équivalent.

Il résulte donc de là que nous avons une stipulation faite par l'assuré pour lui-même et une libéralité faite à un tiers comme condition de la première stipulation.

Or, l'article 1121 du Code civil déclare « qu'on peut stipuler au « profit d'un tiers lorsque telle est la condition d'une stipulation « que l'on fait pour soi-même. »

Notre convention est donc valable puisqu'elle rentre dans l'hypothèse prévue par l'article 1121.

D'ailleurs nous avons dans l'article 1973 du Code civil une application de cette théorie. En effet, aux termes de cet article, la rente viagère peut être constituée au profit d'un tiers, quoique le prix en soit fourni par une autre personne (1).

Sans doute l'article 1119 porte que « l'on ne peut en général, stipuler en son propre nom, que pour soi-même. » Mais nous venons de prouver que l'article 1121 est une dérogation à ce principe, dérogation prévue par l'article qu'on nous oppose lui-même puisqu'il ne formule pas sa prohibition comme devant toujours exister, mais seulement comme étant la règle générale.

D'ailleurs l'article 1119 ne nous est pas opposable, en effet la disposition contenue dans ce texte signifie au point de vue du fond que lorsqu'on fait une stipulation, en son propre nom, au profit d'un tiers :

1. De Caqueray, *Revue pratique*, L. XVI. — D. P. 63, 2, 119. — D. P. 67, 2, 221. — P. D. 74, 1, 113.

1° Cette stipulation ne confère pas d'action au tiers au profit duquel elle a été faite ;

2° Cette même stipulation ne confère pas non plus d'action à la personne qui l'a faite.

Elle ne confère pas d'action au tiers parce qu'elle est pour lui une *res inter alios acta.*

Elle ne confère pas d'action à la personne qui l'a faite, parce que cette personne n'y a pas un intérêt pécuniaire appréciable.

Il résulte donc de ces deux propositions, que si la stipulation faite au profit d'un tiers est inutile, c'est qu'il ne peut naître aucune action au profit du stipulant ou du tiers (1). Mais lorsqu'il y a un intérêt pécuniairement appréciable, le stipulant peut agir contre le promettant et le contrat est valable. Dans ces termes, la question se trouve ramenée à un point de fait, l'intérêt du contractant. Et toutes les fois que ce dernier aura un moyen de coercition, le contrat sera valable et l'article 1119 sera applicable (v. Pothier, v° 70). Dans notre espèce, le stipulant peut obliger l'assureur à s'exécuter puisque la promesse faite par l'assureur est la cause de l'obligation prise par celui-là de payer une prime annuelle, et ses héritiers continuateurs juridiques de sa personne, dans l'hypothèse d'une assurance en cas de décès pourraient demander, dans le cas de non-exécution de l'obligation contractée, la résiliation du contrat.

c. On ajoute que l'article 1130 du Code civil prohibe les pactes sur les successions non ouvertes et qu'un semblable contrat n'est que la violation de cette disposition.

Il n'en est rien et le droit du bénéficiaire n'est pas un droit conditionnel subordonné au décès du stipulant ; c'est un droit né et actuel dont l'exigibilité seule a pour terme l'époque du décès. Ce n'est pas un pacte sur une succession non ouverte, la prohibition de l'article 1130 s'applique, en effet, à des conventions sur l'universalité ou la

1. M. Demolombe, *Traité des contrats*, t. I, n° 247.

quote-part d'une succession non ouverte mais non à la convention portant sur un droit né et actuel, dont l'exigibilité se trouve reculée à l'époque du décès du stipulant (1).

d. L'argument tiré du caractère irrévocable de la donation, est violé, dit-on encore, par la faculté laissée généralement au stipulant d'arrêter le contrat en ne payant pas les primes.

Il est vrai qu'entre le stipulant et l'assureur la prime reste facultative; mais il ne saurait en être de même entre le bénéficiaire et le stipulant, dès que le contrat a été accepté par le bénéficiaire il a été parfait et le droit de créance existe à son profit. Il existe sans être exigible et le bénéficiaire peut contraindre le stipulant à exécuter l'obligation qu'il a prise de payer les primes, ainsi qu'il résulte de l'article 1121, *in fine.* « Celui qui a fait cette stipulation ne peut « plus la révoquer si le tiers a déclaré vouloir en profiter. »

e. Les formes exigées par la loi pour la validité des donations n'étant pas exécutées dans un semblable contrat, il doit être annulé conformément aux dispositions de l'article 931 du Code civil, dit encore le premier système.

Mais dans l'espèce cet argument ne vient pas car il n'y a pas une donation principale mais une libéralité indirecte, qui est jointe à un contrat à titre onéreux dont la validité indépendamment de toutes formes solennelles est, comme nous l'avons établi, universellement reconnue.

L'article 1973 dispose, d'ailleurs, que la rente viagère constituée au profit d'un tiers bien qu'elle « ait les caractères d'une libéralité, « n'est point assujettie aux formes requises pour les donations. »

L'acte, en effet, contient tout à la fois, un contrat à titre onéreux entre le constituant et le débiteur puis une donation au bénéficiaire de la rente. Le contrat à titre onéreux étant l'acte principal, la donation qui n'en est que l'accessoire et la conséquence doit subir sa forme.

1. Aubry et Rau, t. III, § 334, p. 216.

C'est d'ailleurs exactement notre espèce, la libéralité faite au tiers est subordonnée au contrat principal intervenu entre l'assureur et le stipulant (1).

M. Demolombe, traite la question dans son traité des donations, t. III. n° 97, il suppose une vente faite par acte sous signature privée et contenant donation d'une partie du prix à l'acquéreur. Dans ce cas la donation est-elle valable?

« Évidemment, dit le savant jurisconsulte, et deux arguments
« péremptoires le démontrent :

« D'une part, les formes à observer pour la validité d'un contrat
« doivent être déterminées par la nature propre, par l'objet principal
« du contrat que les parties ont entendu faire; or, les parties ont
« entendu faire, et elles ont fait effectivement, un contrat de vente;
« donc les formes du contrat qu'elles ont employées, suffisent à la
« validité de leur convention.

« D'autre part, si le contrat de vente qu'elles ont fait est vala-
« ble, il doit l'être nécessairement tout entier tel qu'elles l'ont fait,
« avec les clauses et les conditions qui en sont les éléments consti-
« tutifs; or, la détermination du prix est certes l'un des éléments les
« plus essentiellement constitutifs de la vente; donc le contrat
« est valable dans cet élément comme dans tout autre.

. . . .

« Cette doctrine est incontestable, continue M. Demolombe, et
« applicable à tous les contrats onéreux dans lesquels l'une des par-
« ties aurait fait à l'autre des conditions avantageuses ou même une
« véritable donation. »

A l'appui de ce système nous citerons un arrêt de la première chambre de la Cour de Caen à la date du 14 mars 1876 qui a consacré ces principes dans une affaire Corbet contre la veuve Lecomte. Il s'agissait dans l'espèce soumise à la Cour d'une femme bénéficiaire

1. Pothier de la vente n° 21. — Troplong de la vente n° 150. — Marcadé. Rev. crit. T. I, page 21.

acceptante d'un contrat d'assurance sur la vie passé avec la compagnie le Phénix, le mari stipulant étant mort après être tombé en faillite, ses créanciers réclamaient le capital assuré.

« Att., en droit, dit l'arrêt, qu'aux termes de l'article 1121 C. civ. on
« peut stipuler au profit d'un tiers; que si ce dernier accepte la stipulation
« faite à son profit, il est présumé, suivant l'article 1179 du même Code,
« avoir été créancier *ab initio* du bénéfice de la stipulation; que par
« conséquent ce bénéfice n'a jamais fait partie de l'avoir du stipulant;
« qu'il n'a pu dès lors, en être distrait, et qu'en cas de faillite, il n'y a pas
« lieu relativement à ce bénéfice à l'application des articles 446, 447 du
« Code de commerce lesquels ne statuent que pour les cas où le failli a
« promis ou donné *de suo* (1). »

Nous regardons donc comme valable l'assurance contractée au profit d'un tiers déterminé.

Voyons maintenant la validité d'un semblable contrat au profit d'une personne indéterminée.

Les héritiers ou ayants-droit peuvent-ils être bénéficiaires ?

Nous venons d'établir la validité de l'assurance en cas de décès contractée au profit d'un tiers déterminé. Nous allons nous décider maintenant sur le sort d'un semblable contrat consenti au profit de personnes indéterminées, d'héritiers ou ayants-droit du *de cujus* sur la tête duquel portait l'assurance.

Avant d'aborder la grave controverse qui existe dans ce sujet il est nécessaire que nous distinguions des cas particuliers sur lesquels aucune discussion n'existe.

1° Le stipulant a désigné formellement dans la police celui ou ceux de ses héritiers qu'il entend gratifier.

Ce cas rentrant dans celui que nous venons d'étudier ne saurait arrêter longtemps notre étude, car le fait pour le bénéficiaire d'être héritier du stipulant n'apporte aucun changement dans sa situation. C'est en effet, en vertu d'une vocation propre, d'un droit

1. 14 mars 1876, r.c. de Caen, p. 88.

personnel acquis par lui au moment de la formation du contrat qu'il recueillera le capital de l'assurance. Partant il pourra agir vis-à-vis de la succession du *de cujus* comme bon lui semblera, sans que son acceptation ou sa renonciation puisse avoir aucune influence sur le sort du capital assuré.

S'il renonce à la succession le montant de l'assurance échappera complétement à l'action des créanciers du défunt, à moins qu'il y ait lieu à l'application de l'article 1167 du Code civ. dans l'hypothèse de fraude aux droits de ses créanciers commise par le débiteur.

S'il accepte la succession du stipulant devenant débitrice personnelle des créanciers du stipulant, ceux-ci pourront en vertu de l'article 1166 du C. civ. saisir entre les mains de l'assureur le capital stipulé. Mais ce serait comme débiteur personnel des créanciers de la succes-sion et non comme bénéficiaire de l'assurance qu'il serait tenu des dettes ; obligation à laquelle il peut se soustraire par l'acceptation sous bénéfice d'inventaire.

2° Le stipulant a entendu faire bénéficier *sa succession* du capital assuré.

Dans ce cas le capital assuré constitue une valeur successorale, faisant partie de l'actif de l'hérédité au point de vue de la quotité disponible. Le droit au capital promis a été acquis par le stipulant du jour du contrat au profit de sa succession et tombe par conséquent dans la communauté existant entre lui et son conjoint et le bénéfice de l'assurance est transmis aux héritiers au même titre que les autres biens de la succession et aux termes de l'article 6 de la loi du 21 juin 1875 les droits de mutation doivent être acquittés sur le capital et non sur le montant des primes.

3° Si le stipulant a contracté une assurance sur la vie en déclarant que le capital assuré sera payé à son ordre et s'il n'a pas usé pendant sa vie de la faculté de cession réservée par le contrat, le capital de l'assurance fera partie de la succession avec toutes les conséquences attachées aux biens successoraux.

4° *Quid*, et c'est là la question délicate, si le capital est stipulé payable *aux héritiers ou ayants-droit* du contractant?

Primus a contracté avec une compagnie un contrat d'assurance sur la vie, dans lequel la dite compagnie s'obligeait à payer lors de son décès une somme déterminée à ses héritiers ou ayants-droit. Primus mort, les héritiers recueillent-ils le capital comme donataires ou comme héritiers?

Poser la question c'est en indiquer l'intérêt.

En effet, s'ils viennent comme donataires, *jure proprio*, la somme assurée ne faisant pas partie du patrimoine de l'assuré il en résulte les conséquences suivantes :

Les bénéficiaires recueilleront la somme assurée même en renonçant à la succession, car c'est *proprio nomine* qu'ils réclameront le capital à la compagnie d'assurances ;

Ils n'auront pas de droits de mutation à payer ;

Les créanciers du stipulant n'y auront aucun droit ;

Ni son époux commun en biens.

S'ils viennent au contraire en qualité d'héritiers, *jure hereditario* l'assurance faisant partie du patrimoine du *de cujus* la conséquence suivante aura lieu :

Les bénéficiaires de l'assurance la recueilleront au moment de l'ouverture de la succession au même titre que les autres biens successoraux;

Ils auront donc par conséquent des droits de mutation à payer sur ce capital ;

Les créanciers du stipulant pourront exercer leurs droits sur le dit capital ;

L'époux commun en biens aura droit à la moitié de la somme assurée.

Ces conséquences donnent à cette question une importance capitale, aussi se trouva-t-elle vivement controversée et trois systèmes se sont-ils posés.

A. — Les héritiers viennent en vertu de leur droit propre à titre de *donataires*, dit le premier système, et il appuie sa théorie sur les arguments suivants :

a. — Le but de l'assurance en cas de décès impose cette solution, en effet le père de famille en faisant ce contrat a eu l'intention de créer une ressource pour les siens après sa mort et non d'augmenter le gage de ses créanciers.

b. — La nature de ce contrat est d'être un dessaisissement de la part du stipulant en faveur de ses héritiers, dessaisissement fait sous la condition qu'il ne soit pas révoqué. La condition se réalisant, la révocation n'ayant pas eu lieu, la volonté du stipulant n'ayant pas changé jusqu'au jour de son décès, aux termes de l'article 1179 c'est rétroactivement à l'époque de la formation du contrat que le dessaisissement a eu lieu et c'est depuis cette époque que le capital est sorti à titre de donation du patrimoine du stipulant.

L'article 1179, dit M. Deloynes, dans la revue critique de législation 1871-1872 est certainement applicable quoique les bénéficiaires soient incertains au moment du contrat, puisqu'en matière de testament, la personne du légataire est suffisamment désignée quand, par suite d'un événement ultérieur, sa qualité se trouve déterminée d'une manière certaine.

c. — Quant au mot héritiers l'on doit l'entendre comme comprenant les successibles du stipulant nés et à naître, qui ont tous également droit à sa sollicitude et au profit desquels il a entendu faire une libéralité, et si le *de cujus* y a eu recours c'était pour les comprendre tous dans la donation qu'il faisait (1).

B.— M. Vaugeois, professeur agrégé de la Faculté de droit de Caen, a présenté devant la Cour d'appel de Caen le système suivant, qui tend aux mêmes conséquences que le premier.

Le contrat d'assurances en cas de décès rentre dans les conditions

1. Cour de Caen 11 janvier 1863 Recueil de Caen, Lyon 2 juin 1863 D. P. 63-2-110. — Colmar,27 février 1865 D. P. 65-2-93. — Paris 7 avril 1867 D. P. 67-2-221 Besançon 15 décembre 1869 et 23 juillet 1872 D. P. 70-2-95. 72-2-220.

de l'article 1121 du Code civil même quand il est fait au profit « des héritiers ou ayants-droit du stipulant», et ce, malgré l'indétermination lors du contrat des personnes ainsi bénéficiaires du contrat ; c'est-à-dire que ces personnes même indéterminées lors de la stipulation viendront toucher le capital en vertu d'un droit propre et non en vertu de leur titre d'héritiers ou d'ayants-droit.

A l'appui de sa doctrine le savant professeur invoque les arguments suivants :

a. — Voir dans le contrat, en principe, une stipulation pour autrui, c'est la seule interprétation conforme aux termes du contrat d'assurances en cas de décès, qui, étant un contrat innomé, doit s'interpréter d'après ses termes ; et dans lequel on voit toujours l'assuré exprimer qu'il stipule pour d'autres que pour lui ; où surtout on ne le voit jamais stipuler pour lui-même.

Et dès lors les conséquences de l'article 1121 doivent être appliquées c'est-à-dire attribution au patrimoine du tiers et non pas du stipulant du bénéfice de l'assurance.

L'auteur a compris qu'une objection pouvait venir détruire cet argument et il a cherché à y répondre. Si le capital assuré fait partie du patrimoine du tiers comment le stipulant pourra-t-il céder une police qui, d'après ce système, n'a jamais été dans le patrimoine du cédant? M. Vaugeois prétend alors que ce n'est pas là une cession proprement dite mais simplement un mode particulier sous lequel la stipulation a été contractée; le stipulant en faisant la désignation d'un nouveau bénéficiaire ne cédera rien mais ne fera que réaliser une modalité laissée à sa discrétion.

b. — L'article 1122 du Code civil ne saurait être applicable car on ne peut jamais stipuler l'assurance sur sa vie au profit de ses héritiers en tant qu'héritiers.

En effet, nos héritiers ne tiennent de nous que ce que nous avons pu leur transmettre et cet article en permettant de stipuler pour nos héritiers ou ayants-cause n'a fait autre chose qu'énoncer ce principe et nous ne pouvons transmettre à nos héritiers une créance qui n'a pas pu prendre naissance dans notre personne. Il est certain que le capital stipulé n'a jamais pu être dû au stipulant puisque l'essence même du contrat d'assurance en cas de décès, ne permet l'acquittement de la compagnie que lorsque le stipulant n'existe plus; dès lors la théorie contraire le fait créancier d'une obligation dont l'exécution à son profit est matériellement impossible, d'une obligation nu'le faute d'objet, ce qui ne se peut.

c. — Le contrat d'assurance en cas de décès n'est pas une obligation à terme, car le propre d'un terme est d'être une modalité avec ou sans laquelle le contrat peut se comprendre, a une existence. Le terme dans ce contrat se confond avec l'objet et rend impossible aux mains du stipulant l'acquittement de l'obligation.

C. — L'assurance étant faite au profit des *héritiers* ces derniers n'y peuvent venir que *jure hereditario* et non *jure proprio.*

Telle est la conséquence du troisième système qui est celui que nous considérons comme le seul juridique et conforme aux règles du droit en matière de succession. Nous allons nous efforcer de réfuter victorieusement la théorie de nos adversaires.

a. — Nos adversaires cherchent à interpréter en leur faveur l'intention du stipulant. Or, rien ne nous prouve qu'en contractant l'assurance au profit de ses héritiers il ait voulu dire qu'ils en recueilleraient le bénéfice *jure proprio.* Bien au contraire, car que signifie le mot *héritiers* d'après la terminologie de la loi?

L'héritier c'est le continuateur juridique de la personne du *de cujus*, or, pour être héritier il faut aux termes de l'article 785 du C. civ. ne pas renoncer à la succession et en tant qu'on l'accepte on est d'après l'article 724 du C. civ. tenu d'acquitter les charges.

Cet argument nous est donné par un arrêt de la 1re chambre de la Cour de Caen du 7 février 1876 (1) dont voici les termes formels :

1. 7. fév, 1876 Rec. de Caen p. 90.

« *Att., en droit, qu'aux termes des articles 1120 et 1112 du C. civ.*
« *on ne peut en général, stipuler que pour soi et ses héritiers ou*
« *ayants-cause; que cependant, l'article 1121 du même Code permet de*
« *stipuler au profit d'un tiers dans les cas qu'il détermine; mais que*
« *d'une part, cette exception ne peut recevoir son application qu'au-*
« *tant que le tiers bénéficiaire est clairement et expressément désigné,*
« *et que d'autre part, les héritiers du stipulant ne sont pas des tiers*
« *mais les continuateurs de sa personne; que suivant l'article 785 du*
« *Code civ. ils ne sont héritiers qu'autant qu'ils ne renoncent pas à*
« *la succession, et que, d'après l'article 724, s'ils l'acceptent ils sont*
« *obligés d'acquitter toutes les charges; qu'il suit de là que la stipu-*
« *lation faite au profit des héritiers en général ne leur profite qu'a-*
« *près l'entier acquit des dettes.* »

b.—C'est une donation, disent les systèmes que nous combattons, et dès lors un semblable dessaisissement doit en vertu de l'article 1179 être considéré comme appartenant rétroactivement au bénéficiaire depuis le moment où le contrat a été passé et d'après l'intention présumée du testateur le bénéficiaire est représenté ici par les héritiers et non par la succession,

Pour nous, il ne saurait en être ainsi, la donation dans l'espèce étant nécessairement nulle. Elle est nulle :

1° *Car elle est présumée* ; les expressions employées par le stipulant ne permettant pas d'affirmer qu'il a voulu faire une donation et les libéralités ne se supposant pas ;

2° *Comme s'adressant à des personnes incertaines.* Ceux qui sont ses héritiers au jour de confection du contrat pouvant bien avoir vu leur nombre accru ou diminué au moment de l'exécution de ce même contrat. Et l'article 1121 sur lequel on s'appuie, n'autorisant la stipulation au profit d'autrui qu'en tant qu'il est déterminé ;

3° *En vertu de l'article 894*, qui déclare nulle toute donation révocable par la volonté du donateur ; or, le système adverse admet que le donateur peut ne pas laisser à ses héritiers le bénéfice stipulé dans la police ;

4° *Parce qu'elle n'a pas été acceptée.* S'il est vrai que dans le cas prévu par les articles 1121, 1282, 1977, il n'y a pas besoin d'acceptation solennelle, il y a au moins besoin de l'existence de cette acceptation, la donation étant un contrat, le concours de deux volontés est nécessaire, celle du donateur et celle du donataire. Or, dans notre hypothèse il n'y a pas eu d'acceptation.

Cet argument se trouve reproduit dans un jugement rendu le 27 mars 1872 par le tribunal d'Arras (1) :

« Att. que celui qui contracte une assurance en faveur de *ses héritiers* « ne se dessaisit pas immédiatement du capital assuré; qu'en effet, si on « peut stipuler au profit d'un tiers, cette stipulation peut être révoquée « jusqu'au moment où le tiers a déclaré vouloir en profiter; qu'au cas « actuel les trois bénéficiaires du contrat étant les héritiers du contrac- « tant, *qui ne seront connus qu'au jour du décès et qui souvent n'exis-* « *tent pas encore au moment du contrat,* la libéralité dont ils sont « l'objet *ne peut être acceptée par eux qu'après le décès,* et par consé- « quent est révocable jusque-là; qu'elle est donc restée *in bonis* du con- « tractant et fait partie de sa succession. »

Ces principes posés, il en résulte que le bénéficiaire du contrat peut être :

Le stipulant lui-même;

Un tiers déterminé;

La succession du stipulant.

Mais la stipulation au profit d'un tiers constituant une libéralité, il faut appliquer les règles du droit commun, relativement à la capacité de disposer et de recevoir à titre gratuit (art. 901-912 du C. civ.).

Ainsi, est incapable d'être bénéficiaire du contrat :

1° La personne morte au moment du contrat ;

2° Le tuteur non ascendant avant l'appurement du compte de tutelle (907 et 909, Cod. civ.);

1. Trib. d'Arras, 27 mars 1872, D. P. 73.3.38.

3° Le médecin, le confesseur, etc... du stipulant atteint, au moment du contrat, de la maladie dont il est mort, à moins que l'on ne se trouve dans l'un des cas exceptés par l'article 909 du Code civil ;

4° Le tiers condamné à une peine afflictive, infamante et perpétuelle (art. 3, loi du 31 mai 1854) ;

5° L'enfant naturel au-delà de ce qui lui est accordé par la loi (art. 757, 908 du Code civ.).

6° Le bénéficiaire non conçu au moment de la donation ;

Cette dernière incapacité a donné lieu à des contestations sur le point de savoir ce qu'il fallait entendre par le moment de la donation? Est-ce celui où se rédige l'acte? Est-ce celui de l'acceptation ?

MM. Troplong et Demante pensent que la donation acquérant sa perfection seulement par l'acceptation qui est faite de l'offre, il suffit que le donataire soit conçu au moment où, en son nom, l'offre est répondue d'acceptation.

Pour nous, nous pensons, conformément aux principes qui nous ont été enseignés par M. Demolombe, qu'une semblable doctrine ne saurait être juridique. « Car, dit le maître, l'article 906 exige que le « donataire soit conçu au moment de la donation, il emploie ce mot « dans son acception naturelle : or, la donation, c'est de la part du « donateur, la déclaration de vouloir donner. Une offre faite au « néant, à qui n'est pas conçu, échappe à toute compréhension ; elle « n'a pas de sujet auquel elle puisse s'appliquer. »

1. Demolombe, *des Donations*, t. I, n° 570. — Aubry et Rau, *sur Zachariæ*, t. V, p. 429 et 430.

CHAPITRE III

Une des conditions déclarée par l'article 1108 du Code civil essentielle à la formation du contrat, est un objet certain formant la matière de l'engagement.

Il est impossible, en effet, de concevoir une convention sans un objet, qui est le *quid debetur*, la chose sur laquelle porte la relation juridique et qui l'empêche d'être lorsqu'il fait défaut. Faute d'objet il n'y a donc pas seulement annulation, mais non existence de la convention.

Ces principes posés et dans notre espèce l'objet s'identifiant avec le contrat, il est facile de reconnaître toute l'importance que l'on doit attacher à l'étude de l'objet d'une obligation surtout lorsque sa nature juridique est encore en discussion et que dans les divers camps se trouvent des autorités égales.

En traitant de la nature juridique du contrat d'assurance en cas de décès nous nous sommes déjà expliqué sur ce qui pour nous devait être considéré comme l'objet du contrat d'assurances sur la vie ; et après avoir exposé et réfuté les divers systèmes qui s'étaient formés nous concluions en déclarant qu'il ne fallait pas avec M. de Montluc regarder la vie comme l'objet du contrat, qui pour nous était un capital déterminé. Donc l'objet de l'obligation de l'assureur est le capital stipulé, tandis que l'objet de l'obligation du stipulant est représenté par les primes.

Nous n'avons pas à reproduire ici une discussion que nous avons déjà faite et nous devons seulement en prendre les conclusions que nous venons d'indiquer.

L'objet du contrat nous étant connu, il est nécessaire qu'il puisse procurer au créancier une utilité appréciable sans quoi no pouvant être utile à ce dernier le contrat deviendrait nul, faute d'objet. Aussi en matière d'assurances sur la vie la quotité de la somme assurée et la quotité de la prime devront être fixées nettement ou au moins indiquées implicitement dans la police.

L'existence d'une personne sur la tête de laquelle porte l'assurance est également nécessaire, puisque c'est son existence qui doit servir de terme au contrat, et il importe peu que les parties soient de bonne ou de mauvaise foi dans leur ignorance de la mort de l'assuré, car, si ce dernier est mort au moment de la convention, le contrat d'assurances sur la vie est nul, comme le serait un contrat de rente viagère (Art. 1974 C. civ.).

Ces principes posés, nous devons en tirer les conséquences, et soutenir, contrairement à M. de Montluc, que l'on peut, en tout état de cause, contracter plusieurs assurances successives.

A. — Quand j'ai assuré mon plein, pour parler le langage technique, dit M. de Montluc, je ne dois pas passer un second, un troisième contrat. Le second, le troisième contrat doivent tomber, parce qu'ils ne correspondent plus à un risque couru, et que le paiement d'un second, d'un troisième capital ne serait plus pour les miens une indemnité, mais un bénéfice (1).

B. — M. de Montluc est conséquent avec son système ; la vie étant pour lui l'objet du contrat, l'assureur ne doit payer que dans les limites de sa valeur effective. Dans notre système, au contraire, l'objet étant un capital certain, il n'est pas douteux que l'on puisse contracter plusieurs assurances sur la vie.

1. Pouget. *Jour. des an.* 1868 pag. 514.

L.   7

CHAPITRE IV.

La cause, dont s'occupent les articles 1108 et 1131, est le but prochain que les parties se proposent d'atteindre en s'obligeant ; c'est le *cur debeatur*, la *cause finale* de l'obligation, que nous devons distinguer de la *cause efficiente* et de la *cause impulsive*.

Dans le contrat synallagmatique, l'obligation de chaque partie a pour cause l'obligation de l'autre. Ainsi, dans notre contrat, l'obligation de l'assuré, a pour cause l'obligation de l'assureur, qui a pour cause celle contractée par le premier.

La cause n'est pas nécessairement intéressée, et nous trouvons une cause à l'obligation contractée par le stipulant d'une assurance, envers le bénéficiaire. Notre contrat d'assurances sur la vie, peut se diviser en deux contrats : le premier à titre onéreux entre l'assureur et l'assuré, le second à titre gratuit, entre le stipulant et le bénéficiaire. Dans ce dernier cas, la cause de l'obligation prise vis-à-vis du bénéficiaire pourra reposer sur la seule volonté d'obéir au devoir de fraternité.

L'obligation sans cause ou sur une fausse cause ne peut, dit l'article 1131 du Code civil, avoir d'effets.

Il est difficile de concevoir un contrat nul faute de cause, le contractant, sain d'esprit, devant toujours se proposer un but, et dans notre espèce cette nullité ne saurait se présenter, le paiement des primes attestant la cause du contrat et l'intérêt de l'assuré.

Restent la fausse cause et la cause illicite, qui peuvent annuler l'obligation.

La cause est fausse lorsque les parties croyaient qu'elle existait, tandis qu'elle n'existait pas, ou lorsque les parties sachant qu'elle n'existait pas, l'ont néanmoins exprimée dans l'acte. Dans le premier cas la cause est erronée, et dans le second elle est simulée.

Dans le premier cas, la cause n'existant que dans l'esprit des parties, la cause n'aura pas d'existence en fait et par suite le contrat sera nul, comme fondé sur une fausse cause. Dans le second cas, au contraire, l'article 1131 ne sera pas applicable, car la cause existera, elle ne sera que simulée, et cet article n'a pas à se décider sur la simulation de la part des contractants, mais sur l'exis ence d'une cause licite dans l'obligation.

Enfin, aux termes de l'article 1133 du Code civ., « *la cause est illicite lorsqu'elle est contraire aux bonnes mœurs ou à l'ordre public* » (Comp., art. 6, 900, 1172, etc.).

QUATRIÈME PARTIE

Des obligations engendrées par le contrat d'assurance sur la vie.

Ayant défini le contrat d'assurances sur la vie et l'ayant muni des conditions essentielles à son existence, il nous faut rechercher, maintenant qu'il est viable, quels sont ses effets entre les parties, quels sont les obligations qu'il fait naître à la charge de chacun des personnages qui y figurent.

Nous diviserons cette étude en quatre chapitres dans lesquels nous étudierons les obligations du stipulant, de l'assuré, de l'assureur et du bénéficiaire.

CHAPITRE PREMIER.

OBLIGATIONS DU STIPULANT.

Le stipulant doit lors de la formation du contrat faire à l'assureur une déclaration complète et exacte de toutes les circonstances, qui pourraient avoir quelque influence sur l'opinion du risque (1).

Dès lors il est tenu de faire connaître exactement l'état de santé de l'assuré, son âge, sa profession, etc., en un mot tout ce qui serait de nature à modifier les conditions de l'assurance. Au reste les obligations du stipulant à cet égard sont déterminées par les polices des compagnies dont les statuts contiennent des clauses spéciales sur ce point. Cependant l'assureur ne saurait valablement demander la nullité du contrat pour la dissimulation d'une maladie, par exemple, qui n'a pas été la cause de la mort de l'assuré.

Quant à l'exactitude des déclarations passées par le stipulant, elle pourra être vérifiée par l'assuré, en s'entourant de renseignements, en faisant visiter l'assuré par un médecin.

En un mot cette obligation primordiale des stipulants, qui naît avant tout contrat, peut se résumer dans l'abstention de tout dol de sa part.

Le contrat formé, la principale obligation qui naît à la charge du stipulant est le paiement de la prime convenue, qui est la cause de l'obligation contractée par l'assureur et est due dès que le contrat est formé ; aussi si l'assuré meurt avant le premier paiement l'assureur aura le droit de prélever la prime sur le capital qu'il doit verser.

1. D. 1877-2-152.

Conformément aux prescriptions de l'article 1243 du Code civil le stipulant doit payer les primes aux époques fixées par la police, dans leur intégralité et sans avoir le droit de forcer l'assureur à recevoir un paiement partiel ou un objet égal au montant de la prime. Cependant en pratique il arrive que les compagnies consentent à recevoir la prime par fractions; dans le cas d'une semblable convention, si l'assuré vient à mourir au commencement d'une période, après le paiement d'une fraction de la prime, les autres fractions sont dues à l'assureur.

Outre la prime, le stipulant est tenu de payer les frais de timbre et d'enregistrement de la police, sans atteinte au droit qu'a l'administration de l'enregistrement de s'adresser à toutes les parties ayant figuré à l'acte.

Entre les mains de qui doit être payée la prime?

La prime doit être payée à l'assureur ou à son mandataire, qui généralement est porteur d'une quittance signée du directeur de la compagnie, quittance indiquant suffisamment le mandat du réclamant.

Qu'arrivera-t-il si le stipulant a payé aux mains d'un agent infidèle?

Si cet agent est bien réellement le mandataire de l'assureur la perte sera certainement pour ce dernier. C'est en effet l'assureur qui a choisi l'agent pour son mandataire, pour son représentant, et par suite c'est à lui d'en subir les conséquences, le paiement étant libératoire pour l'assuré (1).

La prime est-elle *quérable* ou *portable?* Aux termes de l'article 1247 du Code civil, la prime doit être considérée comme *quérable* à défaut de stipulation relative à son mode de paiement, mais en pratique les polices d'assurances dérogent en termes exprès à cette disposition de la loi en déclarant que la prime sera acquittée au domicile de la compagnie ou à celui de ses agents, sous peine de

1. D. p. 1852, 1, 123.

déchéance au jour de son exigibilité, ou au plus tard dans les trente
jours qui suivent, et cela sans qu'il soit besoin d'une mise en demeure. Le caractère légal de cette clause ne saurait se discuter,
l'article 1139 du Code civil admettant formellement que par la seule
volonté des parties, la mise en demeure pouvait résulter de l'échéance
du terme.

Ces deux cas étant posés nous allons rechercher leur influence relativement à la résolution du contrat.

I. — *Prime quérable.* — Lorsque la prime est quérable, nous
avons un texte qui nous indique dans quelles conditions le contrat
pourra être résolu à défaut de paiement de la prime. L'article 1184
du Code civil s'exprime, en effet, ainsi : « *La condition résolutoire est*
« *toujours sous entendue dans les contrats synallagmatiques pour*
« *le cas où l'une des parties ne satisfera point à son engagement.*

« *Dans ce cas le contrat ne sera point résolu de plein droit. La*
« *partie envers laquelle l'engagement n'a point été exécuté, a le*
« *choix ou de forcer l'autre à l'exécution de la convention lorsqu'elle*
« *est possible, ou d'en demander la résolution avec dommages et*
« *intérêts.*

« *La résolution doit être demandée en justice, et il peut être ac-*
cordé au défendeur un délai selon les circonstances. »

Il résulte donc de ces dispositions que le défaut de paiement à l'é-
chéance n'entraîne pas de plein droit la résolution du contrat, mais
donne seulement au créancier le droit de demander cette résolution
en justice, après avoir constitué le stipulant en demeure.

II. — *Prime portable.* — Lorsque la police contient comme clause
que la prime sera portable, la question de savoir sous quelles conditions le contrat sera résolu est bien plus délicate en présence de l'habitude prise par certaines compagnies de faire encaisser les primes
par leurs agents au domicile même du stipulant souvent plus de
trente jours après l'échéance.

De nombreuses décisions de jurisprudence ont été rendues, mais

toutes se décident en fait et déclarent : que la condition résolutoire
expresse insérée dans les polices doit être considérée comme ne devant produire aucun effet lorsque les parties y ont·dérogé expressément ou tacitement ; que la dérogation tacite résulte suffisamment
de l'usage adopté par les compagnies de faire percevoir les primes
aux domiciles des stipulants (1).

· Cette jurisprudence a été de nouveau affirmée par de récents arrêts
qui posent comme principe que la prime devient *quérable* de *portable*
qu'elle était, lorsqu'en fait il y a eu dérogation habituelle de la part
de l'assureur, qui a envoyé encaisser les primes et que la déchéance
prononcée par la police ne peut être encourue que si le souscripteur
a été mis en demeure après le délai de trente jours, à partir, non de
l'échéance de la prime, mais du jour où elle a été demandée (2).

Il résulte donc de ces décisions que si la prime est généralement
stipulée portable, elle est en fait quérable et par suite la résolution
du contrat au lieu de s'opérer de plein droit, doit, conformément à
l'article 1184, être demandée en justice et le choix est laissé à l'assureur entre la demande en résolution et une action tendant à faire
condamner le stipulant à exécuter son contrat.

La mise en demeure doit être régulière et ne peut jamais résulter
que d'un·acte d'huissier, sommation, commandement, assignation
en justice, etc.. (art. 1139-1656).

En outre de ces obligations, le stipulant doit prévenir l'assureur
de tout changement ou aggravation dans les risques ; lorsque l'assuré par exemple, vient à changer sa profession et à exposer chaque
jour sa vie aux hasards de la fortune.

1. Cass. 1852, 15 juin, D. p. 52. 1. 138. — Bordeaux, 1852, 24 mars, Sir. 52.
2. 408.
2. Cass. 20 juin 1874. D. p. 75-1-9. — Cass. 24 nov. 1874, D. p. 75-1-64. —
Cass. 0 juin 1875. D. p. 75-1-420.

CHAPITRE II

Il arrive fréquemment que les deux rôles de stipulant et d'assuré se cumulent sur une même tête, et que le stipulant est en même temps l'assuré ; il n'est alors en cette dernière qualité, tenu d'aucune obligation autre que celles que nous avons passées en revue dans le chapitre précédent : Si, au contraire, l'assuré est un tiers, il faut, pour savoir quelles obligations fait naître pour lui le contrat, distinguer entre deux hypothèses :

1° L'assuré n'a pas donné son consentement au contrat.

2° L'assuré est intervenu au contrat pour consentir à ce que l'assurance repose sur sa tête.

1° Dans la première hypothèse, le contrat est pour le tiers-assuré une *res inter alios acta*, il y est complétement étranger, il ne le connaît pas, et par suite n'a pas à s'en occuper, le stipulant pas plus que l'assureur ne pouvant puiser dans la convention qu'ils ont faite, le droit de critiquer ses actes.

2° Il en est tout autrement dans la deuxième hypothèse ; en effet, il est intervenu au contrat, il y a été partie et par suite s'est engagé, par le fait même de son consentement, à n'aggraver en rien la situation soit du souscripteur, soit de l'assureur. Tout fait de sa part qui pourra leur nuire, entraînera contre lui un droit à une action en dommages-intérêts. Il ne pourra donc, sans le consentement de l'assureur, entreprendre un voyage lointain, ou exercer une profession pouvant mettre ses jours en péril.

CHAPITRE III

OBLIGATIONS DE L'ASSUREUR.

Les obligations de l'assureur peuvent se diviser en deux parties qui ne sont que la conséquence l'une de l'autre. Ce sont : 1° la garantie des risques, et 2° le paiement de la somme promise lors du décès de l'assuré.

SECTION PREMIÈRE

Garantie des risques.

En règle générale, l'assureur est tenu de tous les risques de mortalité qui peuvent entraîner le décès plus ou moins rapproché de l'assuré; les exceptions à cette règle résultent soit des principes mêmes du contrat, soit des stipulations particulières qui seront insérées dans la police.

L'assureur, au moment du contrat, a dû faire constater par un médecin l'état de santé de la personne assurée, et s'appuyant sur cette constatation, se faire une opinion sur le risque qu'il avait à courir. La circonstance que la maladie, dont serait mort l'assuré, serait due à l'imprudence, ne saurait en aucune façon détruire l'obligation où il se trouve de verser le capital stipulé. Il en serait cependant autrement, si la maladie à laquelle l'assuré succombe était la suite d'un projet par lui formé de se donner la mort, et alors que cette tentative n'aurait pas reçu une complète exécution, la maladie ainsi occasionnée devant affranchir l'assureur de toute obligation, de la même manière que le suicide qui en aurait été la conséquence.

Mais, *quid* des maladies existant au jour du contrat?

Il faut distinguer. Si les maladies ont été déclarées à l'assureur au moment du contrat, il reste chargé du risque de mort qu'elles ont pu entraîner. Il a, en effet, contracté en connaissance de cause et est réputé avoir exigé une prime proportionnée au risque couru.

Si, au contraire, les maladies ont été dissimulées, les risques dont elles ont été la cause efficiente, ne sauraient être à la charge de l'assureur. Mais si légalement cette proposition est exacte, elle sera d'une application bien difficile, le fait d'avoir pris des renseignements sur l'état de santé de l'assuré élevant contre lui de graves présomptions (1).

Le meurtre ou l'accident amenant la mort de l'assuré, constituent des cas fortuits qui restent à la charge de l'assureur et dont il est tenu en tant qu'il n'y a pas eu suicide de la part de l'assuré. Les compagnies ont d'ailleurs l'habitude de faire du suicide une cause de résiliation de la police ; mais cette clause de la police d'une assurance sur la vie doit, conformément à un arrêt tout récent de la Cour de Paris, être présumée n'avoir eu en vue que le suicide volontaire, non le suicide accompli dans un moment de folie (art. 1156, 1161 du Code civ.) (2).

Mais à qui incombera la preuve ?

L'assureur invoquant pour se libérer de son obligation un fait anormal, une fraude, un crime, puisque le suicide (*sui cædere*, meurtrier de soi) est l'action de celui qui se donne volontairement la mort, c'est à lui qu'incombe d'établir l'existence du fait entraînant la nullité de son engagement.

Mais le fait du suicide étant établi nous pensons que dans le cas où ce suicide n'a pas été volontaire, mais est la conséquence d'une maladie mentale dont est atteint l'assuré, l'assureur ne saurait être

1. Paris, 13 déc. 1851. Jour. du Pal. 1852-1.567.
2. C. de Paris, 30 nov. 1875. D. P. 1877, 2-152.

relevé de son obligation. — Dès lors, il appartiendra au bénéficiaire de prouver que l'acte de l'assuré se donnant la mort est un
acte inconscient que l'assureur ne saurait invoquer pour se dé-
charger de l'obligation contractée par lui conformément à la règle :
reus in excipiendo fit actor.

L'assureur cesse donc d'être tenu des risques de mortalité : 1° dans
le cas de mort volontaire de la part de l'assuré ; 2° dans le cas d'exécution à la suite d'une condamnation à mort ; et 3° dans le cas où les
risques proviennent de l'assuré ou des bénéficiaires de l'assurance,
dans le cas de duel par exemple.

L'assurance se trouvant résolue par ces divers faits quel sera le
droit du bénéficiaire du contrat, qui voit ainsi s'évanouir, sans dol
de sa part, les expectatives qui lui avaient été consenties ?

A. — Pardessus (1) s'appuyant sur ce que le fait de l'assuré ne
doit pas nuire au bénéficiaire soutient que vis-à-vis de ce dernier le
suicide ou le duel qui a amené la mort de l'assuré doit être considéré
comme un cas fortuit et par suite mis à la charge de l'assureur.

B. — Pour nous ce raisonnement n'est pas exact ; l'assureur il est
vrai, répond des cas fortuits, mais en quoi le suicide ou le duel pour-
raient-ils être rangés dans les cas fortuits? Le bénéficiaire et le stipulant
ne sont pas coupables, aussi nous pensons qu'il ont un droit de recours
contre la succession de l'assuré, qui a manqué aux obligations qu'il
avait promises, mais non contre l'assureur qui n'a rien à se reprocher
et qui n'aurait pu licitement se charger des risques pouvant provenir
d'un suicide ou d'un duel. Il y aurait en effet dans une semblable
clause une stipulation contraire à la morale et à l'ordre public.

1. Pardessus, t. 2, n° 590. Grun et Joliet (n° 382).

SECTION II

Paiement du capital stipulé.

Le décès de l'assuré régulièrement constaté, le capital stipulé dans la police d'assurance sur la vie est dû par l'assureur et devient immédiatement exigible. N'étant pas en présence d'une véritable assurance il ne saurait être question de retenue, ni d'expertise à faire comme en matière d'assurances maritimes ou contre l'incendie.

Pour que les intérêts du capital courent au profit du bénéficiaire il est nécessaire que, conformément aux dispositions de l'article 1139 du Code civil, une demande en justice ou un acte extra-judiciaire soit signifié à l'assureur, le capital n'étant pas généralement productif d'intérêt de plein droit du jour du décès.

Lorsque la mort de l'assuré est imputable à un tiers, l'assureur a un droit de recours contre lui en vertu de l'article 1382 du Code civil, et les ayants droit de l'assuré, quoique bénéficiaires du contrat et payés par l'assureur, auront également le droit d'attaquer l'auteur de l'accident en dommages-intérêts non pas en tant que bénéficiaires du contrat, puisqu'ils ont touché le capital stipulé, mais en tant que lésés par le décès de leur auteur.

En résumé, l'assureur doit s'acquitter immédiatement, entre les mains des bénéficiaires du capital stipulé ; le paiement, a lieu généralement au siége de la compagnie (art. 1247. C. civ.).

Outre l'obligation de payer le capital promis, l'assureur est encore tenu parfois d'obligations accessoires ; ainsi en cas de participation aux bénéfices, il doit tenir compte de la quote-part afférente dans ces bénéfices au propriétaire de la police.

Jusqu'à présent nous avons imaginé que le capital était versé au décès de l'assuré ; mais ne serait-il pas possible que ce capital fût payé par fractions pendant que la police est en cours ?

La Caisse générale des familles sollicita de la commission provisoire qui, après les événements de 1870, remplaça le Conseil d'État l'approbation de statuts dont l'article 9 se formulait ainsi :

« La compagnie pourra recevoir des contrats d'assurance avec la
« condition que le montant d'une partie de ces assurances sera payé
« chaque année par anticipation, *au moyen d'un tirage au sort*. A
« cet effet la compagnie délivrera aux souscripteurs des titres d'une
« importance uniforme, mais qui ne pourront dans aucun cas être
« inférieurs à 500 fr., chacun des souscripteurs concourra au tirage,
« proportionnellement au nombre des titres dont il sera possesseur. »

Après avis favorable de la commission provisoire ces statuts furent approuvés par décret du 22 juillet 1871.

De semblables contrats où le capital est remboursable par voie de tirages au sort périodiques sont-ils licites ?

A. — M. de Courcy dans un mémoire intitulé : *assurance et loterie* nie, au nom des directeurs des compagnies d'assurances vivenent émus du décret du 22 juillet 1871, la légalité d'une semblable opération et il appuie son système sur les dispositions de la loi du 21 mai 1836.

En vertu de l'article 9 de ses statuts, dont nous avons cité la première partie, la Caisse des familles consacre à l'amortissement de ses polices une somme prélevée sur le montant des primes qu'elle reçoit ; ce fonds d'amortissement est fixé à 2 0/0 des primes uniques et à 1 0/0 des primes annuelles. Ainsi sur une prime de 200 francs payable chaque année la compagnie prélève 20 fr. qui auront la destination que nous venons d'indiquer.

Or, dit-on, ces 20 francs ne sont en réalité que le prix d'un billet de loterie et la combinaison peut être comparée à celle que ferait, par exemple, un carrossier vendant des voitures 3,000 francs dont 2,700 f. seraient le prix de l'objet vendu et 300 francs le prix d'un billet de loterie. Personne n'hésitera à reconnaître qu'une semblable opération est prohibée par la loi de 1836, aussi il y aurait contradiction à don-

ner une décision différente dans le cas identique de l'article 9 des
statuts de la Caisse des familles.

Supposons, en effet, un capital de 100,000 francs, assuré le 30
décembre pour une prime de 300 francs. Favorisé par le sort, le porteur de la police touche ses 100,000 francs, qu'y aura-t-il là
sinon un *gros lot* de 100,000 francs gagné moyennant un billet de
300 francs? La caisse des familles sous la dénomination d'assurances
ne fait donc autre chose que des loteries.

B. — *a*. Le premier exemple choisi par les adversaires du décret
du 22 juillet 1871 ne fournit aucun argument sérieux; c'est une
véritable loterie et nous le reconnaissons sans peine. L'acte du ca-
rossier vendant une voiture 2700 francs plus 300 francs pour un
billet destiné à concourir à un tirage au sort, se divise en deux opérations absolument distinctes et indépendantes l'une de l'autre; il prend
un double engagement et les deux obligations subsistent sans le
secours l'une de l'autre.

Il en est tout autrement dans les polices amortissables par voie
de tirage au sort et nous ne trouvons nulle part l'existence de deux
contrats simultanés, indépendants l'un de l'autre.

b. — Quant au cas d'une somme de 100,000 francs assurée
moyennant une prime de 300 francs et où l'assuré favorisé par le sort
touche les 100,000 francs peu de temps après avoir souscrit la
police, il n'est nullement assimilable, la somme assurée ne constituant pas un lot puisqu'il existait entre l'assureur et l'assuré une
obligation qui se trouve dissoute.

c. — D'ailleurs cette discussion nous sert à nouveau d'argument
en faveur de la théorie que nous avons soutenue lorsque nous disions que le contrat d'assurances sur la vie n'avait de l'assurance
que le nom et nous prétendons que l'assurance contractée sur
les bases contenues dans l'article 9 des statuts de la Caisse des
familles répond en tout aux principes de l'assurance sur la vie,
telle que nous l'avons définie. Au lieu d'y voir un seul terme comme

dans l'assurance en cas de décès, il y en a deux : d'un côté, premier tirage au sort pour l'amortissement de la police pendant la vie de l'assuré ; de l'autre tirage au sort dans lequel, suivant l'expression de M. Léveillé, la Providence tient les urnes (1).

d. — Voyons d'ailleurs la véritable portée de la loi de 1836. Nous trouvons l'interprétation de cette loi dans une consultation donnée par les plus illustres représentants du barreau de Paris, en faveur de l'emprunt ottoman en 1870, et au bas de laquelle figurent les noms de : Jules Grévy, bâtonnier, Leblond, Odilon-Barrot, Crémieux, Sénard, Allou, Plocque, Chambareaud, Laurier, etc. (2).

Le gouvernement ottoman émettait 750,000 obligations à prime, au cours de 180 francs, rapportant 12 francs d'intérêt fixes par an et remboursables à 400 francs au moyen d'un tirage au sort ; l'opération était-elle légale ?

Oui, disait-on. La loi de 1836 est ainsi conçue :

« Article 1er : *Les loteries de toute espèce sont prohibées.*

» Article 2e : *Sont réputées loteries et interdites comme telles, les* » *ventes d'immeubles, meubles ou marchandises effectues par la voie* » *du tirage au sort, ou auxquelles auraient été réunis des primes ou* » *autres bénéfices dus au hasard et généralement toutes opérations* » *offertes au public pour faire naitre l'espérance d'un gain qui* » *serait acquis par la voie du sort.* »

Donc pour qu'il y ait loterie il faut que nous rencontrions dans l'opération les caractères suivants :

1° But principal : espérance d'un gain aléatoire ;

2° Très-gros bénéfice, moyennant faible mise ;

3° Perte totale de la mise pour le plus grand nombre des contractants ;

4° Attribution à quelques-uns d'un bénéfice basé sur la perte subie par les autres.

1. *Note de M. Léveillé dans un mémoire en réponse à celui de M. de Courcy.*
2. *Gazette des tribunaux,* 14 et 15 mars 1870.

Aussi la Cour de Paris dans un arrêt du 23 mars 1870 n'ayant pas rencontré ces caractères dans une espèce qui lui était soumise a-t-elle déclaré illégale l'émission d'obligations remboursables, en un long laps de temps, à un taux supérieur à celui de la souscription, la date étant fixée par le sort, le capital ne donnant droit à aucun intérêt. Il ne pouvait y avoir là une opération de placement de fonds, mais une loterie véritable dans laquelle le capital était remboursé à un taux supérieur à celui de la souscription par la voie du tirage au sort.

Nous croyons donc pouvoir déduire, des arguments que nous venons d'exposer, la possibilité pour les compagnies de payer par fractions le capital stipulé pendant que la police est en cours ; ce paiement pouvant être fait même par voie de tirage *au sort*.

———

CHAPITRE IV.

OBLIGATIONS DU BÉNÉFICIAIRE

Sauf l'obligation de ne rien faire qui puisse aggraver la situation de l'assureur, le bénéficiaire n'a aucune obligation à remplir pendant la vie de l'assuré, c'est seulement lorsque naît son droit au capital stipulé que naissent pour lui deux obligations :

1° Il doit faire la preuve du décès de l'assuré ;

2° Il doit prouver sa propre qualité de bénéficiaire;

1° Le bénéficiaire fera facilement la preuve de la mort de l'assuré, par la production de son acte de décès à défaut duquel il pourra recourir à la preuve permise par l'article 46 du Code civil, c'est-à-dire aux papiers domestiques, aux témoignages, etc..., et en un mot à tous les moyens de preuve qu'il jugera à propos d'employer.

Il doit donc prouver le décès, mais rien que le décès.

A. — Quelques auteurs cependant ont soutenu que, si la police était muette relativement à l'obligation, qui se trouve quelquefois imposée au bénéficiaire, d'avoir à prouver de quelle maladie était mort l'assuré, celui-ci devait cependant produire un certificat médical indiquant le genre de maladie qui avait causé la mort (1).

B. — Nous pensons au contraire, comme nous venons de l'indiquer, que la seule preuve incombant au bénéficiaire est celle du décès. La seule circonstance sur laquelle on se fonde en pareil cas est à la vérité basée sur un motif de fraude; on soutient que l'assuré a pu ne pas remplir ses obligations en se donnant volontairement la mort.

1. MM. Merger, N. 147. — Alauzet, N. 559. — Grun et Joliot, N. 406.

Or, pourquoi en pareille matière, la fraude se présumerait-elle, lorsqu'il est de principe que c'est à celui qui veut s'en prévaloir à l'établir? Le décès établi par le bénéficiaire, l'assureur y opposera les exceptions qui s'élèveront en sa faveur en vertu de l'adage : *reus excipiendo fit actor*. Un arrêt tout récent, que nous avons déjà eu l'occasion de citer, le décide d'ailleurs ainsi en déclarant que c'est à l'assureur qui veut se dégager de l'obligation par lui souscrite à prouver que *le suicide a été volontaire* (1).

Que décider dans le cas d'absence de l'assuré?

On reconnaît généralement que les choses restent dans le *statu quo* pendant la période dite de présomption d'absence, c'est-à-dire que pendant tout le temps qui s'écoule depuis les dernières nouvelles reçues de l'assuré absent jusqu'au jugement de déclaration d'absence, le stipulant est tenu de continuer à payer les primes et que le droit du bénéficiaire n'est pas encore ouvert.

Mais *quid* après le jugement déclaratif d'absence?

C'est Primus qui ayant contracté sur sa propre tête une assurance en cas de décès au profit de Secundus, n'a pas reparu à son domicile, ni donné de ses nouvelles depuis quatre ans.

Nous pensons que Secundus pourra en vertu des articles 115 et 119 du Code civ. faire ordonner l'enquête sur l'absence de Primus, il doit être rangé à juste titre parmi *les parties intéressées* dont parle l'article 115 et par suite avoir qualité à cet effet. Si les héritiers présomptifs de Primus obtiennent l'envoi en possession de ses biens, Secundus bénéficiaire ayant un droit subordonné au décès de Primus pourra forcer ces mêmes héritiers à continuer le paiement des primes pour empêcher le contrat de se trouver résolu faute de paiement.

Enfin, si l'absence s'est prolongée pendant trente ans depuis l'envoi en possession provisoire nous dirons qu'en vertu de l'article

1; D. p. 1877. 2-152.

129 du Code civ., les héritiers de Primus ne seront plus tenus de payer les primes ; que Secundus aura le droit d'exiger de l'assureur le versement du capital assuré et que ces mêmes héritiers auront le droit de répéter contre l'assureur comme indûment perçues les primes versées par eux.

Cette question est fort délicate et doit faire l'objet d'une clause spéciale dans une police bien faite. A défaut de clause nous ne voyons pas d'autre moyen de sortir de la difficulté ; nous reconnaissons toute la rigueur d'un semblable système, mais un texte faisant défaut il ne saurait nous être permis d'innover. Que faut-il d'ailleurs que le bénéficiaire prouve ? Le décès ; et tant qu'il ne l'a pas prouvé son droit ne saurait être et par suite l'obligation de l'assureur n'est pas exécutoire. L'absence même déclarée ne peut être assimilée au décès et un arrêt de principes de la Cour de cassation dit d'ailleurs formellement avec un arrêt plus récent de la Cour de Lyon que : la personne dont l'absence a été déclarée n'est pas présumée absolument ni vivante ni morte et que, dès lors, ceux qui veulent exercer un droit subordonné à son existence ou à son décès sont tenus d'en fournir la preuve. Articles 135, 136 du C. civ. (1).

2° Le décès établi, le bénéficiaire a encore une autre obligation, qui est de justifier de sa qualité, ce qu'il fera facilement en représentant la police contenant l'obligation prise par l'assureur de lui verser le capital stipulé, et quant à son identité il pourra la prouver soit par son acte de naissance, soit par un acte de notoriété.

1. Cass. 15 décembre 1863 (Fliet) Sir. 64, 1, 27.— Lyon, 29 août 1869, S. 70, 2, 121. — Laurent, princ. de droit civ. n° 129 sq.

CINQUIÈME PARTIE

De la cession et de la dation en gage d'une police d'assurance sur la vie.

Dès que le contrat d'assurance sur la vie est parfait, il entraîne, au profit du stipulant, un droit de créance éventuelle, contre l'assureur, droit dont il peut disposer à son gré. Nous avons vu qu'il doit, dès la formation du contrat, indiquer un bénéficiaire qu'il pourra changer tant que ce dernier n'aura pas accepté le bénéfice de la stipulation (art. 1121).

S'il dispose immédiatement lors du contrat du droit de créance qu'il a contre l'assureur, il ne l'aura eu qu'un moment, mais il l'aura eu, puisqu'il a pu en disposer. Et c'est à titre gratuit ou à titre onéreux qu'il aura fait la stipulation en faveur, soit d'un tiers, soit de ses héritiers ou ayants-droit.

Dans le cas où le stipulant n'a pas disposé du bénéfice de l'assurance sur la vie au moment même du contrat, ou que la disposition qu'il a faite a été résolue ou révoquée, il peut la céder à titre onéreux ou à titre gratuit, et même la donner en nantissement.

Nous allons rechercher quelles sont les conditions nécessaires à la validité de cette cession et de ce nantissement.

CHAPITRE PREMIER

Dans le système qui exige, quant à la validité de l'assurance contractée sur la vie d'un tiers, l'intérêt du propriétaire de la police, à la conservation de la vie de ce tiers, la cession ne sera possible que si le cessionnaire a le même intérêt. Notre doctrine étant absolument contraire à celle-ci, l'existence de l'intérêt sera indifférente, et les raisons que nous avons données à l'appui de notre système, s'appliquent au cas qui nous occupe.

Donc, pour nous, l'assurance en cas de décès, crée au profit du bénéficiaire un droit de créance dont il peut disposer à son gré. Ce bénéficiaire pourra être le stipulant lui-même ou un tiers désigné par le stipulant pour bénéficier du contrat.

Il y aura cependant une exception à cette règle dans le cas où l'on aurait stipulé l'incessibilité de la police, conformément à l'article 4 de la loi des 11-15 juillet 1868 sur la caisse d'assurances créée sous le patronage de l'État, qui déclare incessibles et insaisissables les sommes assurées par l'État, jusqu'à concurrence de la moitié, sans toutefois que la partie incessible et insaisissable puisse descendre au-dessous de 600 francs.

L'article 1690 du Code civil nous trace une règle générale que nous devons appliquer à notre espèce en déclarant que le cessionnaire ne pourra se prévaloir de la cession vis-à-vis des tiers qu'à la condition de l'avoir fait signifier au débiteur, c'est-à-dire à l'assureur, ou d'avoir obtenu une acceptation de la cession dans un acte authentique. Telle sera la disposition que nous devrons appliquer

toutes les fois que les parties ne se seront pas expliquées formellement sur les dérogations qu'elles veulent y apporter.

En pratique, les statuts de la plupart des compagnies d'assurances
sur la vie autorisent la cession des polices par voie de simple endossement, quelle sera la valeur de ce mode de cession vis-à-vis
des tiers ?

Deux systèmes se sont formés :

A. — *a*. Le premier système soutient qu'une semblable cession
ne sera pas opposable aux tiers. En effet, dit-il, la police d'assurance
sur la vie n'est pas, au moins en ce qui concerne le souscripteur, un
acte de commerce, c'est un acte purement civil et par suite l'écrit
qui le constate ne saurait être assimilé à un effet commercial. Ce
n'est pas une clause particulière qui pourra faire changer la nature
du contrat et faire écarter l'application des principes généraux contenus dans l'article 1690 du Code civil.

b. — On objecte, dit ce système, que chaque jour l'on voit des
créances civiles constatées par des billets à ordre se trouver ainsi
cessibles par voie d'endossement. Mais l'analogie ne peut exister, la
créance naissant de l'assurance sur la vie ne pouvant être constatée
par un acte susceptible de revêtir la forme du billet à ordre ou de la
lettre de change.

Pour être valable, chacun de ses actes doit indiquer le jour où
l'on pourra exiger le paiement (art. 129 et 187 C. com.); or, dans
l'assurance sur la vie nous nous trouvons en présence d'une
obligation à terme incertain et le jour ne saurait être indiqué (1).

B. — Nous pensons, avec la jurisprudence que la police d'assurances sur la vie est transférée *erga omnes*, par un endossement
régulier et conforme aux dispositions des articles 137 et 138 du
Code de commerce lorsque la police contient une clause autorisant
la cession de cette police par voie d'endossement.

1. Blume, thèse de doctorat, Faculté de Nancy.

a. — L'article 136 du Code de commerce qui déclare que la lettre de change se transmet par voie d'endossement n'a rien de limitatif et peut être étendu analogiquement à d'autres effets qui ne sont pas rangés dans les effets de commerce. On applique, en effet, cet article aux connaissements, aux lettres de voitures, aux polices d'assurances maritimes, aux actions et aux obligations d'entreprises civiles et toutes ces applications sont sanctionnées par une jurisprudence constante.

b. — On objecte l'article 129 du Code de com. mais l'argument n'est pas sérieux puisque cet article indique lui-même que l'échéance peut être à vue et la police ne saurait d'ailleurs être exigible que lorsque l'obligation de l'assureur serait née. D'ailleurs l'inobservation des dispositions de cet article ne saurait infirmer l'obligation.

c. — La Cour de Paris dans un arrêt du 12 février 1857 réformant un jugement du tribunal de Commerce de la Seine du 17 décembre 1855 confirmait cette doctrine et déclarait que la police d'assurance sur la vie émanant d'une société commerciale voit ce caractère se communiquer aux actes souscrits par elle dans la sphère de ses opérations (1).

Cet arrêt a été suivi d'un grand nombre de décisions judiciaires parmi lesquelles figure un jugement du tribunal de commerce de la Seine qui repoussant lui-même sa première théorie décide dans un jugement du 23 octobre 1862 qu'une police d'assurance sur la vie pouvait être stipulée non-seulement transmissible par voie d'endossement, mais même payable au porteur.

Admettant que la police d'assurance sur la vie peut être cédée par voie d'endossement, conformément aux dispositions des articles 137 et 313 du Code de commerce, il ne faut cependant pas lui appliquer les dispositions relatives à la perte du billet à ordre dans le cas où cette police est perdue. En effet, l'article 152 du Code de commerce

1. Paris 12 fév. 1457, S. 57-2-186. *Journal des Ass.* t. VIII, p. 186.

en autorisant la preuve de la propriété du billet à ordre perdu au profit du créancier par ses livres et en donnant caution ne saurait trouver d'application lorsqu'on est en présence d'un bénéficiaire, qui n'a aucun des caractères du commerçant et ne peut par suite exhiber d'une preuve faite dans l'intérêt de ce dernier. La Cour de Paris dans un arrêt du 13 décembre 1851 a d'ailleurs sanctionné ce système en infirmant un jugement du tribunal civil de la Seine du 9 décembre 1850 (1).

Cependant le fait par l'assureur de détenir un capital au-delà de l'époque d'exigibilité pourrait entraîner un grave préjudice au détriment du bénéficiaire, aussi pensons-nous qu'à sa demande le capital assuré devrait être déposé à la caisse des dépôts et consignations à la disposition du tiers porteur de la police jusqu'à l'expiration du délai de trente ans. Au bout de ce délai, la créance du tiers se trouvant prescrite, le capital pourrait être retiré par le bénéficiaire.

1. D. P. 1855, 5, 35.

CHAPITRE II

DE LA DATION EN GAGE D'UNE POLICE D'ASSURANCE SUR LA VIE.

La police d'assurance sur la vie étant une valeur dans le patrimoine du stipulant, il est utile de rechercher ce qu'il pourra faire de
cette valeur, et comment il lui sera possible d'en disposer. Sera-t-elle
pour lui un moyen de crédit, et pourra-t-elle être donnée en garantie à
un créancier exigeant ? Nous venons de voir qu'elle peut être ven-
due, s'il nous est permis de nous exprimer ainsi en parlant de la
cession de la police à titre onéreux, donc *a fortiori* elle peut être
donnée en nantissement.

Conséquent avec les principes que nous avons posés relativement
à la cession de la police par voie d'endossement, nous dirons que :
si la police est au porteur, le gage pourra être établi par tous les
modes de preuve de l'article 109 ; si la police est négociable, le gage
sera établi par un endossement régulier indiquant que la police a été
remise en garantie. Le nantissement pourra être également prouvé par
tous les modes de l'article 109 ; si la police n'est ni au porteur, ni
négociable, le gage ne pourra être établi que s'il y a un acte public ou sous-seing privé enregistré et signifié au débiteur de la
somme assurée, conformément aux dispositions de l'article 2075 du
Code civil.

SIXIÈME PARTIE

Sort du capital assuré.

Au point où nous en sommes arrivés, nous avons pu distinguer dans certaines combinaisons de contrats d'assurances sur la vie une double opération juridique : d'une part, contrat à titre onéreux entre le stipulant et l'assureur, et d'autre part contrat à titre gratuit entre le stipulant et le bénéficiaire. Il importe que nous nous expliquions relativement aux conséquences du contrat soit relativement aux créanciers du stipulant, soit relativement à ses héritiers.

CHAPITRE PREMIER

DE LA LIBÉRALITÉ CONTENUE DANS LE CONTRAT D'ASSURANCES SUR LA VIE RELATIVEMENT AUX CRÉANCIERS DU STIPULANT.

Lorsque le droit du bénéficiaire vient à naître par suite du décès de l'assuré, quels seront les droits des créanciers du stipulant ?

C'est Primus qui a contracté sur sa propre tête une assurance sur la vie au profit de Secundus qui l'a acceptée, les créanciers de Primus auront-ils le droit de se payer sur le capital assuré ?

A. — Oui, dit un système, car, *nemo liberalis nisi liberatus*, il faut payer les dettes avant d'acquitter les libéralités faites par le *de cujus*, qui ne peut point disposer pour l'époque de sa mort d'une chose lui appartenant, sans qu'elle soit soumise aux droits de ses créanciers.

B. — Nous soutenons une toute autre théorie, conforme à la doctrine adoptée par nous. En effet, le capital du contrat d'assurance sur la vie, en tant que le bénéficiaire a accepté, passe directement et rétroactivement sur sa tête dès l'instant de la formation du contrat ; et ce capital représente une valeur qui ne figurant pas dans l'actif de la succession du stipulant est recueillie par les bénéficiaires *ex proprio jure contractus*. Aussi, lorsqu'au décès de l'assuré, le bénéficiaire reçoit le profit de l'assurance, c'est *sa propre chose* qu'il reçoit, en vertu d'un droit qui lui est *personnel*, et dès lors, elle ne saurait être le gage des créanciers du stipulant (art. 2092, C. civ.).

Il est bien entendu que nous supposons que les parties sont de bonne foi, car, dans le cas de fraude à leurs droits et d'ouverture à l'action Paulienne, les créanciers pourraient invoquer l'article 1167 du Code civil et faire annuler le contrat.

Ces principes seront-ils applicables si le stipulant commerçant a été déclaré en faillite ?

Cette circonstance ne saurait rien changer à la solution que nous venons de donner, que la faillite ait été prononcée soit avant, soit après le décès (art. 437 du Code de comm.), le capital, objet de l'assurance étant en dehors de l'actif du failli.

Il en serait autrement dans le cas de fraude, ayant été jugé que la veuve du failli ne pouvait pas prétendre au capital de l'assurance, alors que l'assurance, ayant fait originairement l'objet d'une police à ordre, le mari y a substitué une police nouvelle au profit de sa femme, pour éviter les critiques, qui auraient pu atteindre une cession par endossement ou par cession.

Comme nous l'avons déjà vu, si le bénéficiaire est un héritier du stipulant et qu'il soit nommément désigné au contrat d'assurance, nous devrons le traiter comme le bénéficiaire étranger, puisque, c'est en vertu d'un droit qui lui est personnel, qu'il vient comme bénéficiaire du contrat et non en vertu de sa qualité d'héritier.

Ici se présente une question fort délicate ; il s'agit de savoir quel sera le sort d'une police d'assurances contractée par un mari au profit de sa femme moyennant une prime payée comptant, lorsque la faillite du mari, déclarée postérieurement au contrat, a été ensuite reportée à une époque antérieure.

Sur cette question peuvent s'élever deux systèmes :

A. — a. Le premier système, déclarant que la police d'assurance sur la vie n'a jamais fait partie du patrimoine du stipulant, ne peut donner plus de droits aux créanciers que leur débiteur n'en avait. Aussi en vertu de l'article 2092 du C. civ. il refuse de reconnaître aucun intérêt aux créanciers pour demander la nullité d'un contrat qui doit leur être inoffensif.

b. — La nature même du contrat d'assurance sur la vie s'oppose à ce que le capital puisse être attribué aux créanciers du failli; ce contrat est, en effet, un acte complexe et indivisible dans lequel on trouve:

I. — Un contrat à titre onéreux synallagmatique entre l'assureur et l'assuré, contrat aléatoire comme la rente viagère produisant un lien certain qui se traduit par :

1° La faculté de révoquer la libéralité;

2° Le rachat possible par la Compagnie d'assurances, après trois ans de date de la police ;

3° Droit dans une part des bénéfices.

II. — Une stipulation pour autrui, une libéralité.

Mais, il n'y a dans ces deux faits qu'une seule manifestation de volonté, et l'assuré n'a pas voulu contracter une police d'assurances *in abstracto* ; la stipulation pour sa femme est précisément la cause efficiente et directe de son obligation.

Il résulte de ces arguments, que ce système admet la validité du contrat et que la femme bénéficiaire doit, dans notre espèce, rapporter seulement la prime aux créanciers de son mari en état de faillite.

B. — Nous pensons, au contraire, qu'il doit en être autrement. Nous allons, d'ailleurs, exposer en traitant la question du rapport en matière de succession des principes tout-à-fait opposés à ceux de cette première théorie.

a. — Pour nous, en effet, le stipulant de l'assurance, qui, dans l'espèce, est le failli a eu dans son patrimoine, ne serait-ce qu'un instant de raison, le bénéfice de l'assurance et il est impossible qu'il en soit autrement, puisqu'il en a disposé au profit de sa femme.

b. — Nous reconnaissons parfaitement avec la théorie adverse que le contrat d'assurance sur la vie est indivisible et qu'il n'est pas possible de faire attribuer à des créanciers le bénéfice d'un contrat qui avait pour modalité une obligation contractée par la compagnie d'assurance au profit de la femme du failli ; mais nous croyons qu'il

— 127 —

s'agit ici non pas d'une question de rapport, mais d'une question de validité et qu'en vertu des termes formels de l'article 446 du Code de com., la libéralité contenue dans le contrat se trouvant nulle, le contrat doit être annulé au respect de tous, conformément aux dispositions de l'article 1137 du C. civ. (1).

1. Contra. arr. de Caen, cité page 87.

CHAPITRE DEUXIÈME

DU RAPPORT ET DE LA RÉDUCTION DANS LES ASSURANCES SUR LA VIE

SECTION PREMIÈRE

Du rapport

I. — Qu'est-ce que l'obligation du rapport ?

Le rapport est la réunion à la masse héréditaire ou la retenue dans cette masse des donations entre-vifs, ou des legs faits sans préciput par le *de cujus* au profit de ses héritiers *ab intestat* (art. 843 et suiv. du Code civ.).

Son but est l'égalité entre les héritiers, égalité relative à leur vocation héréditaire et à la répartition proportionnelle de la succession telle que le législateur l'a faite lui-même entre eux, aussi le mot d'Ulpien n'a-t-il jamais cessé d'être vrai : « *hic titulus manifestam habet æquitatem.* »

Il résulte de la définition que nous avons donnée que pour être tenu au rapport il faut cumuler sur sa tête une double qualité :

1° Celle d'héritier du *de cujus.*

2° Celle de légataire ou du donataire du *de cujus.*

Si l'on regarde avec M. Demolombe le rapport comme fondé sur la volonté présumée du *de cujus*, l'héritier légataire ou donataire n'est pas tenu à l'obligation du rapport s'il en a été dispensé par son auteur ou si la dispense du rapport résulte de certaines présomptions énumérées par la loi (art. 847 et 848 C. civ.).

Ces principes posés il importe de rechercher :

1° Si le rapport pourra être exigé du bénéficiaire non préciputaire d'une police d'assurance sur la vie héritier du stipulant et se trouvant en présence d'autres héritiers ?

2° Dans le cas d'affirmative sur la première question, quelle sera la somme sur laquelle devra s'exercer le rapport ?

1° Sur cette question il s'est élevé deux systèmes qu'il ne nous sera pas difficile de combattre en présence des termes généraux de l'article 843 du Code civil.

A. — Le bénéfice d'une assurance sur la vie ne faisant jamais partie du patrimoine du stipulant ne saurait être compris dans la masse que les héritiers du stipulant doivent se partager entre eux.

C'est un gain procuré au bénéficiaire, mais ce gain ne diminue pas la fortune de celui qui l'a fait obtenir. Le stipulant n'a rien donné *directement*, au bénéficiaire, c'est par l'intermédiaire de l'assureur que la libéralité a été faite, au moyen des primes versées, et ce ne peut être sur le total de ces primes que le rapport doit être calculé, puisqu'elles sont l'objet d'un contrat à titre onéreux entre le stipulant et l'assuré et par suite n'ont pas été versées *donandi animo* (1).

B. — Le second système, défendu par un savant professeur de la faculté de droit de Rennes, M. de Caqueray (2), soutient que le bénéficiaire est dispensé du rapport toutes les fois que le stipulant a acquitté les primes périodiques sur les revenus. Il en est autrement, dit-on, lorsque le stipulant s'est libéré par le versement d'une prime unique ou, que payant par primes périodiques, il les a prises sur son capital et dès lors le montant de la police est sujet à rapport.

Et l'on appuie cette distinction sur le principe que les donations faites sur des revenus ne sont pas rapportables.

1. Pouget, Journal des ass. t. XX p. 611.
2. De Caqueray Revue pratique t. 000 p. 1 et suiv.

. C.— Nous allons nous exprimer sur ces théories qui ne nous semblent pas juridiques.

Le premier système repose sur une confusion et nous sommes persuadé qu'il n'aurait jamais été soutenu si ceux qui l'ont proposé n'avaient essayé d'argumenter de décisions judiciaires auxquelles ils ont attribué une portée qu'elles ne pouvaient avoir. C'est en vain qu'on argue de ce que le bénéfice de l'assurance sur la vie est une donation indirecte puisque l'article 843 du Code civil ne distingue pas et exige également le rapport des donations directes et des donations indirectes.

Quant au second système, il doit arrêter plus longtemps notre étude paraissant être conforme aux principes qui nous ont été enseignés par M. Demolombe: « La destination des revenus est
« d'être dépensés; le défunt, s'il n'en avait pas disposé au profit
« de l'un de ses successibles, les aurait dissipés peut-être de toute
« autre manière, *lautius vivendo*; et ses héritiers ne les auraient
« pas retrouvés davantage dans sa succession ; tant mieux donc, s'il
« en a disposé au profit de l'un d'eux ! *cette disposition ne saurait*
« *autoriser les autres à lui demander un rapport* (1). »

D. — Hé bien, c'est l'autorité de M. Demolombe lui-même, dont on cherche à se servir dans le second système, qui nous servira pour défendre le nôtre. En effet, dans ce même titre du rapport, M. Demolombe avait dit que les donations sur les revenus qui étaient dispensées du rapport, se distinguaient par ce double caractère :
« *D'une part qu'elles ne diminuaient pas le patrimoine de celui*
« *qui les faisait; et d'autre part qu'elles n'augmentaient point le*
« *patrimoine de celui pour lequel elles sont faites...* ». « *L'affran-*
« *chissement du rapport, en ce qui concerne ces choses offre, en*
« *outre, le grand avantage de prévenir une foule de recherches*
« *minutieuses et par suite de tracasseries et de contestations.* »

1. M. Demolombe cours oral et traité des Succ. t. v. n° 403.

Ces trois raisons faisant défaut dans notre espèce, le rapport est nécessaire quel que soit le mode de paiement des primes. Et c'est en vain que l'on invoque l'article 852 du Code civil, qui contient une exception, se comprenant sans peine, les actes, dont parle cet article, pouvant être considérés comme une conséquence du devoir d'éducation incombant au père de famille. Quant à l'article 856, il n'a nullement pour but de trancher la question que nous étudions ; que la donation soit faite avec des revenus ou avec le capital, la décision de la loi sera toujours la même relativement aux produits de l'objet donné.

2° L'obligation au rapport étant établie, il est nécessaire de déterminer quel sera l'objet de cette obligation. Le bénéficiaire devra-t-il rapporter le capital assuré ou le total des primes versées ?

Il faut distinguer diverses hypothèses :

Le stipulant a contracté l'assurance à son profit pour en retirer lui-même le bénéfice, ce n'est qu'après la confection du contrat qu'il transporte la qualité de bénéficiaire sur la tête de l'un de ses héritiers. Dans ce cas, le droit au capital est ce qui a été donné, et par suite, ce qui est sorti du patrimoine du *de cujus ;* dès lors, le bénéficiaire devra le rapport du capital assuré.

Il en serait de même si le montant de l'assurance, au lieu d'être donné entre-vifs, avait été légué.

La question se pose avec un véritable intérêt lorsque l'assurance a été contractée au profit du bénéficiaire dès le moment du contrat ; aussi voyons-nous trois systèmes en présence.

A. — Ce qui a été donné c'est le montant des primes, dit la première théorie, payées par le stipulant ; son patrimoine ne s'est appauvri d'aucune autre somme, et le bénéficiaire ne devra le rapport que de ce montant. Il importe que le capital touché soit supérieur ou inférieur aux primes versées, le rapport ne devant avoir pour résultat que de replacer dans le patrimoine du *de cujus,* dans la masse partageable, ce qui en a été distrait dans le but d'avantager l'un des successibles (1).

B. — Le second système soutient que pour savoir sur quelle somme doit porter l'obligation du rapport, il faut rechercher deux choses : 1° ce qui est sorti du patrimoine du stipulant, et 2° ce qui est entré dans celui du bénéficiaire ; ces deux faits connus, le rapport aura lieu sur les primes, si elles sont inférieures au capital stipulé et sur le capital assuré s'il est inférieur au montant des primes.

Ce système, comme on le voit, est tout de conciliation, mais ne saurait nous convaincre (2).

C. — a. Comme nous l'avons vu le contrat d'assurances sur la vie se décompose en deux opérations bien distinctes ; d'un côté un contrat à titre onéreux entre le stipulant et l'assureur et de l'autre côté un contrat à titre gratuit entre le stipulant et le bénéficiaire.

Les primes, objet de l'obligation contractée par le stipulant envers l'assureur, sont en dehors de la libéralité qui accompagne ce contrat à titre onéreux, qui est bien distinct du contrat à titre gratuit. Par suite, ce ne sont pas des primes dont est gratifié le bénéficiaire, mais d'un capital déterminé payable à une époque incertaine. Il doit rester complétement étranger à l'obligation prise par le stipulant envers l'assureur et ne connaître que l'obligation contractée envers lui.

b. — Le capital stipulé a d'ailleurs fait partie du patrimoine du stipulant et dès lors est rapportable à la masse partageable. En effet, quelle que soit la manière dont ait été désigné le bénéficiaire, le droit au capital stipulé a existé au profit du stipulant. Et nous ne pouvons admettre la théorie, qui déclare que, lorsque le bénéficiaire a été désigné au moment du contrat, le stipulant n'a jamais eu dans son patrimoine la créance née du contrat d'assurance sur la vie. En effet, cette créance n'eût-elle existé dans le patrimoine du stipulant qu'un

1. M. de Montluc, *des Ass.*, p. 170.
2. Blum, Thèse de Doctorat, 1877, Nancy, p. 235. — M. Rome, des Ass. § 312.

moment de raison, si le tiers bénéficiaire a donné son acceptation dans la police, il est impossible qu'il n'y eût pas existé; la meilleure preuve est qu'il en dispose et que pour le faire il fallait qu'il en soit propriétaire.

De plus, si le stipulant vient à révoquer son offre de donation ou que le bénéficiaire n'accepte pas ou soit incapable de recevoir la donation qui lui est faite, le capital reviendra au stipulant.

C'est ainsi que la jurisprudence paraît s'affirmer et la chambre des requêtes rejetant un pourvoi formé contre un arrêt de la Cour de Besançon du 24 janvier 1870 a confirmé les motifs et le dispositif de cet arrêt qui s'exprimait ainsi:

« Considérant que la convention en vertu de laquelle Esther et Marie
« Moyaudon, bénéficiaires, ont touché de la compagnie d'assurances géné-
« rales, la somme de 10.000 francs stipulée en leur faveur par le *de cujus*
« avait à leur égard le caractère d'une véritable libéralité; qu'en effet, si
« la convention dont il s'agit était à titre onéreux et aléatoire entre Charles
« Bunet stipulant, et la compagnie, elle n'en constituait pas moins un con-
« trat de bienfaisance au regard des deux personnes auxquelles le stipulant
« assurait, à titre gratuit, et pour le moment de son décès le bénéfice de la
« stipulation personnelle.

« Que l'article 1121 du C. civ. doit se combiner avec les articles 913,
« 920, 922 dont les termes généraux et absolus n'admettent d'autres excep-
« tions que celles qui sont précisées par la loi;

« Considérant d'un autre côté que le stipulant restait libre, faute d'ac-
« ceptation, de révoquer sa libéralité et d'en attribuer le bénéfice à un
« tiers; qu'il l'avait même réservée éventuellement à ses héritiers; que
« dès lors le capital assuré faisait partie de son patrimoine lors de son
« décès: que la disposition faite en faveur d'Esther et de Marie Moyaudon
« portait sur le capital et non sur la prime qu'il s'était obligé à payer à la
« compagnie; que le chiffre plus ou moins élevé des primes est sans in-
« fluence sur l'objet du débat; qu'il suit de ce qui précède que les appe-
« lants légataires de la quotité disponible doivent rapporter fictivement à
« la succession de Charles Bunet le capital qu'elles ont touché à titre gra-
« tuit depuis le décès de ce dernier.... » (1).

1. *Gazette des tribunaux*, du 22 juin 1870. — Add : C. de Montpellier, 15 décembre 1873 Sir. 74-2-81. — C. de Besançon 15 décembre 1800. Sir. 70-2-201.

Donc pour nous, le bénéfice réel retiré de l'assurance sur la vie par le bénéficiaire, constitue le *maximum* de son obligation et c'est ce bénéfice seul qui est soumis au rapport.

SECTION II.

De la réduction.

Qu'est-ce que l'action en réduction?

Cette action, dite autrefois action en retranchement, est celle qui appartient aux héritiers réservataires pour faire déclarer inefficaces, en tant qu'elles portent atteinte à la réserve, les dispositions à titre gratuit procédant du *de cujus*.

Il résulte de cette définition que la loi prenant en considération la situation éminemment favorable de certaines classes d'héritiers (descendants et ascendants) leur accorde sur le patrimoine du *de cujus* un droit, dont celui-ci ne peut les dépouiller par aucune disposition à titre gratuit. Ce droit, qui consiste dans la réclamation de la partie de la succession appelée *réserve*, est ouvert au profit des héritiers réservataires contre tous donataires ou légataires.

Comme nous l'avons vu le droit au rapport n'appartient à un héritier que vis-à-vis de son cohéritier, il en est tout autrement de l'action en réduction qui peut être exercée contre toute personne même étrangère à la succession.

Ces principes posés nous avons à nous demander, comme nous l'avons fait en traitant du rapport:

1° Si l'action en réduction est applicable au capital stipulé dans le contrat d'assurances sur la vie ?

2° Dans le cas d'affirmative sur quelle somme devra-t-elle s'exercer?

1° Notre tâche étant rendue facile par l'argumentation que nous avons faite en traitant du rapport nous ne ferons qu'indiquer les arguments qui se sont produits dans la seule question qui puisse arrêter l'étude, celle de décider si l'action en réduction est exerçable lorsque la créance contre l'assureur s'est fixée *ab initio* sur la tête du bénéficiaire ?

A. — M. de Caqueray (1) invoquant les mêmes principes que pour le rapport nous dit ;

a. — L'article 928 du C. civ. est ainsi conçu : « Le donataire « restituera les fruits de ce qui excède la portion disponible à comp- « ter du jour du décès du donateur si la demande en réduction a « été faite dans l'année; sinon du jour de la demande. » Cet article décide donc implicitement, et par *a contrario*, que le donataire soumis à la réduction ne doit pas les fruits perçus antérieurement aux deux époques dont il s'occupe. Argumentant alors comme on le fait pour l'article 856 du Cod. civ. en matière de rapport on tire cette conclusion que toute libéralité faite avec des revenus est soustraite à l'action en réduction.

b. — L'article 1527 du C. civ. décide que les bénéfices résultant des travaux communs et des économies faites sur les revenus respectifs quoiqu'inégaux des deux époux ne sont pas considérés comme un avantage fait au préjudice des enfants du premier lit. Voilà bien, dit-on, une libéralité soustraite aux règles de la réduction par cela seul qu'elle porte sur les revenus, et l'application de ce principe doit être généralisée.

B. — Nous répondrons seulement à ces deux arguments ayant présenté notre système en traitant du rapport.

a. — C'est sans peine que l'on constate que l'article 928 du Code civ. n'a pas la portée qu'on veut bien lui donner ; en l'interprétant, en effet, comme le veulent les partisans de la doctrine que nous repoussons, on arrive, comme conséquence, à rendre inutiles toutes les

1. De Caqueray, op. cit.

prescriptions des textes sur la réserve et la quotité disponible. Il
suffirait de gratifier une personne moyennant des sommes, dont on
indiquerait l'origine, qui, prélevées sur les revenus capitalisés, de-
viendraient l'objet d'une donation.

b. — C'est à tort que l'on voit un contrat de bienfaisance dans la
disposition de l'article 1527 du Code civil, nous sommes en présence
d'un véritable contrat à titre onéreux. En effet, dans la société conju-
gale les revenus respectifs peuvent être inégaux, mais cette inégalité
n'est qu'apparente, les apports des époux ne consistant pas seulement en capitaux ; si d'un côté l'apport en argent est supérieur, l'article 1527 du Code civil suppose que de l'autre côté il y a un apport qui
équivaut au premier, le travail et l'économie. Le produit de ces deux
apports mis en commun sera partagé par moitié comme étant la propriété des deux conjoints.

C'est en vain que l'on objecterait que l'article 1527 du Code civil
in fine est inutile, car en présence de l'article 1496 § 2 C. civil, on
aurait pu soutenir que dans l'espèce de l'article 1527 du Code civil
l'action en réduction était ouverte au profit des enfants du premier
lit.

Quant à la seconde question que nous nous sommes posée, nous
croyons en invoquant les raisons que nous avons exposées dans la
section précédente que la réduction, dans les cas où elle doit s'exercer, doit porter sur le capital stipulé et non sur les primes, comme
le soutiennent un certain nombre d'auteurs (1).

1. Boissonade, histoire de la Réserve p. 600. — Cass. 10 novembre 1874. D.
p. 1875, 1, 218.

SEPTIÈME PARTIE

Des assurances entre époux.

Les intérêts pécuniaires des époux étant séparés toutes les fois qu'ils sont mariés sous un régime exclusif de communauté, comme le régime sans communauté, la séparation de biens ou le régime dotal, aucune difficulté ne peut s'élever. Ayant chacun leur fortune personnelle, ils sont assimilables à des étrangers et peuvent dès lors contracter l'un au profit de l'autre une assurance sur la vie qui aura les mêmes conséquences que s'il s'agissait d'un tiers. Aussi en pareil cas nous devons appliquer les règles générales que nous avons posées et l'époux bénéficiaire du contrat recueillera le capital stipulé conformément à l'article 1121 du C. civ. avec rétroactivité au jour du décès et les primes, ayant été payées avec les deniers personnels de l'époux stipulant, aucune récompense n'est due par le survivant à la succession du prédécédé.

Mais, lorsque les époux sont mariés sous le régime de la communauté, les difficultés commencent à naître. Nous allons étudier deux hypothèses.

Première hypothèse. — Primus marié avec Prima sous le régime de la communauté a contracté une assurance à son profit sur la tête de sa femme et payé les primes avec les deniers communs.

Le capital stipulé appartiendra-t-il au mari ou tombera-t-il dans la communauté? *Quid* des primes payées par la communauté? Telles sont les deux questions qu'il nous faut résoudre.

A. — Un premier système s'appuyant sur ce que le mari ne peut s'enrichir aux dépens de la communauté et n'a pas le droit de se faire de libéralités sur les biens mis en commun soutient que le capital stipulé à l'assurance tombe dans la communauté.

B. — Nous pensons au contraire avec M. Méline (1) que la communauté ne peut élever aucune prétention sur le capital stipulé, ce capital ne lui ayant jamais appartenu. La communauté vis-à-vis du mari peut être assimilée à un prêteur lui fournissant la somme nécessaire à l'acquittement des primes et il lui en devra récompense en vertu de l'article 1437.

D'ailleurs, la spéculation d'assurance peut être mauvaise et étant faite par le mari pour voir l'obligation de l'assureur naître, après la dissolution de la communauté, par le décès de la femme, il ne serait pas juste de faire courir aux biens communs les chances de cet aléa.

Deuxième hypothèse. — Primus et Prima époux communs en biens ont contracté une assurance sur la vie au profit du survivant d'entre eux. Cette assurance constitue-t-elle un contrat à titre onéreux ou une donation? Quels sont ses effets? La femme survivante ne doit-elle pas dans tous les cas, récompense à la communauté des primes qui ont été payées par elle à l'assureur?

Telles sont les questions neuves et délicates que soulève cette hypothèse, questions qui viennent d'être résolues par un arrêt tout récent de la Cour suprême qui facilitera notre étude (2). Étudions d'abord le système qui s'était formé avant la décision du 28 mars 1877.

A. — a. Le premier système soutient qu'un semblable contrat ne peut être valable, car il est une donation et l'article 1097 du Code civil déclare nulles les donations mutuelles et réciproques faites pendant le mariage par les époux dans un seul et même acte.

Voici comment on raisonne : supposons que le mari ait fait l'assurance conjointement avec un tiers, la communauté n'aurait droit à aucune récompense, si le tiers à raison du prédécès du mari avait

1. Méline, *Revue du notariat*, année 1873, p. 802.
2. Cass. 28 mars 1877. D. p. 77-1-245.

reçu le capital assuré. Or, dans l'arrêt de Douai du 31 janvier 1876, qui a motivé l'arrêt de la Cour de cassation, la femme est renonçante à la communauté, et par suite y étant étrangère, elle doit profiter seule de ce capital, sans payer à la communauté aucune indemnité et sans lui restituer les primes versées. — Mais il existe une différence essentielle entre la situation de la femme et celle d'un tiers, ayant traité conjointement avec le mari. En effet, le tiers aurait payé sa part des primes et par suite entre lui et le mari le contrat eût été à titre onéreux, tandis que la femme n'a rien payé et à son égard le contrat est une véritable libéralité et tombe par suite sous le coup de l'article 1097 du C. civ.

b. — Admettons pour un moment, dit ce système, que nous ne soyons pas en présence d'une donation, mais d'un contrat à titre onéreux, nous serons obligés cependant de déclarer nul un semblable contrat et ce n'est plus l'article 1097 du C. civ. que nous invoquerons, mais les dispositions de l'article 1395 du C. civ., qui défendait de modifier les conventions matrimoniales, et par suite les époux ne peuvent pas plus se vendre qu'ils ne peuvent se donner irrévocablement.

B. — Nous pensons au contraire qu'un semblable contrat est valable et qu'aucun des textes invoqués n'est applicable.

a. — Il y a une analogie frappante, entre cette question, qui est sans précédent dans la jurisprudence, et le contrat constitutif d'une rente viagère établie sur la tête de deux époux, avec clause de réversibilité sur la tête du survivant, au moyen de valeurs prises dans la communauté; aussi devons-nous chercher à résoudre cette question avant d'aborder celle que nous nous sommes proposée.

La convention par laquelle deux époux stipulent que la rente qu'ils acquièrent avec des deniers communs appartiendra pour le tout au survivant des deux se décompose en deux donations éventuelles qu'ils se font l'un à l'autre; chacun d'eux songe à assurer, même aux dépens de sa propre succession, le bien-être de l'époux survivant.

Cette clause de reversibilité est-elle à titre onéreux ou à titre gratuit ? Si elle est à titre onéreux elle est nulle, par application de l'article 1395 du Code civil, si elle est à titre gratuit elle est valable conformément à l'article 1096 du Code civil ; or, d'après l'article 1157 du Code civil les conventions doivent être entendues dans le sens qui peut leur faire avoir de l'effet, plutôt que dans celui où elles n'en auraient pas ; par suite devons-nous la considérer comme faite à titre gratuit.

On nous objectera que la clause de reversibilité étant contenue dans un même acte doit être annulée par application de l'article 1097 du Code civil qui s'y oppose formellement. — La réponse se trouve dans la théorie qui sert de base à la validité des assurances sur la vie ; ces libéralités sont, en effet, accessoires à un contrat à titre onéreux fait par les époux avec un tiers, le débi-rentier, qui s'engage envers chacun d'eux séparément quant à la part de rente qu'il devra au conjoint survivant. L'article 1973 du Code civil reçoit alors une application ; il déclare que bien que la rente soit, relativement au tiers bénéficiaire, une véritable libéralité, elle est affranchie des formes spéciales aux donations (1).

Rapprochant cette convention de l'assurance sur la vie et lui appliquant les motifs que nous venons d'indiquer nous pensons qu'un semblable contrat entre époux, dans lequel le survivant des deux est indiqué comme bénéficiaire, est valable et que le conjoint survivant a droit au capital stipulé *jure proprio* à titre de donataire et que

1. C. de Paris, 19 fev., 1854., *J. du Pal* , 65, 1, 85, voir note de M. Labbé. C. de Paris, 5 avril 1867. Rep. périod. de l'enreg., n° 2472. Dalloz, Code civ. annoté, art. 1973, n° 1, 2 et 13. — Contra., Pont, Petits, contrats, n° 698, 699, art. 1973 ; Troplong, contrats aléatoires, n° 254 à 257, et M. l'avocat général Bédarrides, dans ses conclusions devant la Cour de cass. Affaire Théodat. D. B , 1877. 1, 241.

le capital stipulé ne saurait faire partie de l'actif de la communauté.

b. — Nous avons déjà répondu dans la division précédente à l'argument que l'on tire de l'article 1097, il est cependant nécessaire que
nous réfutions plus amplement l'objection qu'on nous oppose.

Dans une assurance sur la vie contractée par deux époux au
profit du survivant de l'un d'eux, nous voyons, comme dans tout
contrat de cette espèce où il y a un bénéficiaire déterminé, une
double opération : contrat à titre onéreux entre le stipulant et l'assureur, contrat à titre gratuit entre le stipulant et le bénéficiaire.
Dans notre espèce, les rôles devront être déterminés par la bonne
ou la mauvaise fortune et celui qui sera bénéficiaire aura en même
temps été le stipulant de la moitié du contrat. Ainsi disséqué il nous
est facile, en présence des bases que nous avons posées en matière
d'assurance sur la vie, d'établir la validité de ce contrat et de prouver qu'il ne saurait tomber sous l'application des prohibitions de
l'article 1097 du Code civil. Cet article déclare que les « époux ne
« pourront, pendant le mariage, se faire ni par acte entre-vifs, ni
« par testament, aucune donation mutuelle et réciproque par un seul
« et même acte »; or, ce qu'il faut rechercher lorsqu'on invoque un
texte de loi, c'est avant tout ce que ce texte a entendu régler, et
l'article 1097 du Code civil a eu en vue de défendre que chacun des
époux reçoive quelque chose de l'autre ; il ne saurait être applicable
dans l'espèce puisque le mari ne reçoit rien.

D'ailleurs la disposition rigoureuse contenue dans l'article 1097 du
Code civil tient moins au fond qu'aux formes des donations entre
époux et on se trouve dès lors dans l'hypothèse prévue par l'article 1073, en vertu duquel la rente viagère, constituée au profit d'un
tiers, n'est pas assujettie aux formes requises pour les donations
quoique ayant le caractère d'une libéralité (1).

1, Cour de Paris, 1861, D. P., 652-73. Note de l'arrêt ; Dissertation de Mourlon.

Enfin, nous pensons que ces considérations n'étant pas admises, l'article 1121 du Code civil étant applicable, la validité doit être prononcée, par les motifs énoncés dans notre première argumentation.

Il est encore une objection qui pourrait cependant nous être faite. Admettons, pourrait-on dire, que les donations jointes à un contrat commutatif soient dispensées, en vertu de l'article 1121 du Code civil, des formes solennelles prescrites pour ces sortes d'actes, mais ici nous sommes en présence d'une donation entre époux, d'une donation essentiellement révocable et le but de l'article 1097 est de conserver à cette libéralité le caractère qui lui est propre (1).

Nous croyons la réponse facile et nous la trouvons dans l'analyse même de l'espèce qui arrête notre étude; il est nécessaire de considérer le contrat à son origine. Il est impossible de savoir quel sera le donateur ou le donataire, ces qualités sont abandonnées à la fortune et suivant le rôle qui sera donné par le sort à l'une ou l'autre des parties elle fera une acquisition à titre gratuit ou elle perdra le montant des primes qu'elle a versées. Aussi ne peut-on pas dire qu'au moment où le contrat s'est formé il y avait un donateur et un donataire, puisque nous étions en présence de deux conjoints s'obligeant l'un envers l'autre et consentant l'un et l'autre à abandonner au survivant le montant des primes qu'ils s'étaient engagés à payer à l'assureur. Ce n'est qu'après le décès que le contrat a revêtu son véritable caractère, caractère s'appliquant rétroactivement à la libéralité faite par le conjoint prédécédé, mais qui, au moment où le contrat a été passé, ne pouvait être considéré comme un acte à titre gratuit, puisque les deux parties s'engageaient mutuellement à abandonner leur part dans le capital stipulé suivant le sort qui leur serait fait par les événements.

Quant à l'argument tiré de l'article 1395 du Code civil, nous ne

· 1. M. Demolombe, don. ent. vifs et test., t. VI, n° 449.

voyons pas bien comment les conventions matrimoniales se trouvent modifiées. En effet, dans l'hypothèse d'une libéralité faite par le mari à la femme, l'article 1422 du Code civil déclare qu'il peut disposer à titre gratuit du mobilier de la communauté et c'est bien là l'hypothèse de notre espèce ; dans le cas de contrat à titre onéreux, rien ne s'oppose sous le régime de la communauté, à ce que des propres soient constitués aux époux avec les deniers communs, sauf récompense (art. 1437).

Tels sont les arguments que nous avons cru devoir présenter en faveur du système qui admet la validité d'un semblable contrat, système sanctionné par un arrêt tout récent de la Cour suprème, rendu sur les conclusions de M. le premier avo. at-général Bédarrides, après délibération en chambre du conseil. Nous croyons devoir rapporter cet arrêt qui est appelé à faire époque dans l'histoire des assurances sur la vie (1).

« La Cour : att. : que par le contrat d'assurance du 10 mai 1871, la
« compagnie *le Monde* s'est obligée envers les époux Théodat, mariés
« sous le régime de la communauté réduite aux acquêts et stipulant
« conjointement, à payer, lors du prédécès du prémourant desdits époux,
« une somme de 20,000 francs à l'époux survivant ; — que de l'alternative
« prévue par ce contrat est résulté pour chacun des époux un droit
« éventuel à la somme assurée, soumis en même temps à la condition
« suspensive de sa propre survie, et à la condition résolutoire du prédécès
« de son conjoint ; — que la branche de l'alternative favorable à la dame
« Théodat s'étant réalisée par le prédécès de son mari, le droit éventuel
« de ce dernier a été résolu et celui de la femme survivante a été au
« contraire, rendu définitif par l'accomplissement de la condition suspen-
« sive à laquelle il avait été soumis ; — att : que, par suite les droits de la
« Vve Théodat doivent être réglés comme si l'assurance avait été contractée
« par Théodat seul sur sa propre vie, et au profit de sa femme survivante ;
« — att : qu'il résulte des termes du contrat, souverainement interprétés
« par les juges du fond que Théodat a nécessairement voulu que sa femme

1. Cass. 28 mars 1877. D. p. 77, 1, 243.

« survivante recueillit le capital assuré à titre de libéralité, dans le cas
« même où elle renoncerait à la communauté ; — att : qu'il ne peut être
« contesté que Théodat avait la libre faculté de prendre des engagements
« personnels pour créer au profit de sa femme le droit au capital assuré
« qui fait l'objet du litige : que cette stipulation par lui faite comme con-
« dition d'une stipulation qu'il faisait pour lui-même, au cas où il aurait
« était appelé à recueillir le bénéfice de l'assurance, était autorisée par
« l'article 1121 C. civ.; qu'elle a été faite au profit d'une personne déter-
« minée, et que l'acceptation de la dame Théodat résulte de son concours
« au contrat d'assurance; qu'ainsi la défenderesse a le droit d'en recueillir
« le bénéfice, soit que les primes payées aient été fournies par le mari sur
« ses deniers personnels, soit qu'elles l'aient été en deniers de la commu-
« nauté à laquelle elle a renoncé — att. : qu'en rejetant dans ces circons-
« tances les conclusions du syndic de la faillite Théodat, la Cour d'appel
« de Douai (1) n'a point violé les textes invoqués par le pourvoi, et a
« fait au contraire à la cause une juste application des principes généraux
« du droit et des règles de la matière . . . . . , par ces motifs rejette. »

Ces principes posés et la validité de cette espèce de contrat d'assurance sur la vie étant établie, il nous reste à rechercher si la femme
survivante doit récompense à la communauté des primes payées par
elle à l'assureur?

Non, dit l'arrêt de cassation que nous venons de citer, la *femme
renonçante* ne doit pas de récompense à la communauté, car c'est à
titre de libéralité qu'elle reçoit le capital stipulé; la même solution
doit être rendue relativement à la part du mari dans l'assurance lorsque
la femme aura accepté la communauté, la récompense due par elle
ne peut s'appliquer qu'aux primes qu'elles s'était obligée à payer et
qui ont été prises dans la communauté.

1. D. p. 1870-2-121.

HUITIÈME PARTIE

Causes de nullité et d'extinction du contrat d'assurance sur la vie.

L'assurance sur la vie étant soumise aux principes généraux des contrats sur les causes de nullité et d'extinction, nous allons traiter successivement de la nullité et de l'extinction de ce contrat.

————

CHAPITRE PREMIER

Il y a deux sortes de nullité : la nullité absolue et la nullité rela-tive ; n'ayant pas les mêmes effets, nous allons nous expliquer sur chacune d'elles.

Nullité absolue. — Le principal caractère de la nullité absolue est de rendre le contrat inexistant et par suite non susceptible d'être ra-tifié, soit expressément, soit tacitement. Cette nullité résulte du dé-faut d'existence d'un des éléments essentiels à la perfection du con-trat. Comme le défaut de consentement, — d'objet, — de cause, ou lorsque le contrat est fait en violation d'une prohibition légale, cette nullité est imprescriptible et peut être invoquée à toute époque par toute personne intéressée.

Nullité relative. — Les contrats atteints de nullité relative sont bien existants ; ils réunissent, en effet, tous les éléments essentiels à leur formation ; ils sont, cependant, entachés d'un vice qui ne les rend pas *nuls* mais *annulables;* comme le consentement extorqué par violence, surpris par dol (1) ou résultant d'une erreur, soit sur

---

1. La Cour de Rouen dans un arrêt du 7 mai 1877, a décidé *qu'il fallait dé-clarer annulable pour défaut de consentement de la part de la compagnie, le contrat d'assurances sur la vie qui lui a été surpris par suite des réticences et des fausses déclarations de l'assuré sous la frauduleuse inspiration du bénéficiaire du contrat* (C. civ., art. 1110. 1131, C. crim. art. 348). *Vainement le médecin délégué par la Compagnie, a-t-il certifié que l'état de santé de la personne examinée, permettait l'assurance sans crainte fondée, cet examen confidentiel, étranger à l'assuré, ne peut imprimer a ses déclarations le caractère de sincérité qui leur manque.* Recueil de Caen et de Rouen, 1877-2-203.

la substance de l'objet du contrat, soit sur la personne avec laquelle on a cru contracter, soit enfin pour cause d'incapacité de l'un des contractants, cette nullité peut être ratifiée et ne saurait être invoquée que par la personne en faveur de laquelle le législateur l'a établie.

Nous nous sommes trop longuement expliqué sur ces diverses causes de nullité absolue et de nullité relative en traitant du consentement pour que nous ayons à y revenir.

CHAPITRE II

Il est nécessaire de distinguer les causes normales d'extinction des causes anormales.

Les premières, qui se résument dans l'exécution des obligations des deux parties ne doivent pas arrêter notre étude. Il en est autrement des secondes, qui peuvent se ramener à cinq :

1° Résiliation ;
2° Résolution ;
3° Faillite ;
4° Action Paulienne ;
5° Prescription.

1° *Résiliation.* — Le contrat d'assurance sur la vie peut se trouver résilié, soit par l'accord des parties contractantes, donné à une époque quelconque ; soit par la résiliation contenue dans presque toutes les polices du droit accordé au stipulant de résilier son contrat au bout de trois années.

2° *Résolution.* — La résolution résulte de l'inexécution des conditions contenues au contrat. Son effet est d'anéantir le contrat rétroactivement et de le faire considérer comme n'ayant jamais existé. Mais la partie lésée sera admise à réclamer des dommages-intérêts si la résolution n'a pas lieu par son fait.

3° *Faillite.* — L'article 346 du Code de commerce traitant de l'assurance maritime déclare que si le risque n'est pas encore fini, au moment où l'assureur tombe en faillite, l'assuré peut demander caution ou la résiliation du contrat ; le même droit est accordé à l'assureur en cas de faillite de l'assuré.

Les dispositions de cet article sont-elles applicables en matière d'assurance sur la vie? L'article 1188 du Code civil qui déclare déchu du bénéfice du terme le débiteur failli ne régit-il pas bien plutôt notre matière?

Nous distinguerons deux cas : celui où c'est l'assureur qui est en faillite et celui où c'est l'assuré. Notre décision dans ces deux hypothèses sera la même, les motifs seuls seront changés.

C'est l'assureur qui est failli ; *quid?* Nous pensons que l'article 546 du Code de commerce est applicable, car, avec l'article 1188 du Code civil l'on aboutit à un résultat des plus iniques. La Compagnie d'assurance est la débitrice à terme de toutes les personnes ayant contracté avec elle ; or, si tous les stipulants peuvent se présenter à la faillite et réclamer des dividendes proportionnels aux sommes assurées, il arrivera que deux stipulants, dans des conditions complétement différentes, recevront une indemnité égale. Si le législateur a voulu éviter un pareil résultat en matière d'assurance maritime, nous nous croyons fondé à appliquer pour analogie un texte appelé à régir une situation analogue.

C'est l'assuré qui est failli ; *quid?* Dans ce cas l'article 1188 du Code civil doit également être écarté pour laisser la place à l'article 546 du Code de commerce par un motif nouveau, c'est que l'obligation du stipulant n'est pas à terme, mais conditionnelle. Si les parties s'entendent pour faire résilier le contrat, ou que la résiliation soit judiciairement prononcée, on en déterminera les effets par les tarifs des compagnies en cas de rachat des polices.

Quelle influence la faillite peut-elle avoir sur la validité même du contrat d'assurances ? (voir la discussion page 126).

Il faut distinguer trois hypothèses :

1° Le contrat a été fait entre la cessation des paiements et le jugement déclaratif de faillite. — Dans ce cas, conformément à l'ar

ticle 447 du Code de commerce, le contrat ne sera annulé relativement à la masse des créanciers, qu'autant qu'il sera prouvé que la
partie contractante, qui n'est pas en faillite, avait connaissance de la
cessation des paiements ; et d'après les dispositions de l'article 446
du Code de commerce, si le contrat contient donation au profit d'un
tiers, il sera nul *ipso facto*.

2° Le contrat a été fait dans les dix jours qui ont précédé la cessation des paiements. — Dans ce cas il est valable, en tant qu'il ne
contient pas une donation, car alors l'article 446 du Code de commerce recevrait son application.

3° Le contrat est antérieur aux dix jours qui ont précédé la cessation des paiements. — Il sera valable *a fortiori* et la donation
qu'il contient devra être respectée en principe, à moins que les
créanciers du failli puissent invoquer l'action en révocation qui leur
est ouverte par l'article 1167 du Code civil.

Le paiement soit des primes, soit du capital stipulé, pourra être
attaqué si, ayant eu lieu, entre le moment fixé pour la cessation des
paiements et le jugement déclaratif de faillite, celui qui l'a reçu avait
connaissance de la cessation des paiements.

4° *Action Paulienne*. — Nous devons distinguer suivant que
l'action Paulienne a pour but de s'attaquer à un contrat à titre onéreux ou à un contrat à titre gratuit.

S'il s'agit d'un contrat à titre onéreux, les créanciers qui veulent
l'exercer doivent prouver :

1° Que l'acte qu'ils attaquent a été la cause de l'insolvabilité de
leur débiteur ;

2° L'intention frauduleuse de la part du débiteur ;

3° La collusion du tiers contractant avec leur débiteur.

S'il s'agit au contraire d'un contrat à titre gratuit, les créanciers
n'ont pas à fournir la preuve de la complicité du tiers donataire,
mais les deux autres preuves doivent être faites.

Cette distinction admise, les créanciers du stipulant auront toujours à fournir la preuve de la complicité de l'assureur, car entre lui et le stipulant le contrat est toujours à titre onéreux. De même ils devront prouver la complicité du tiers bénéficiaire, si le stipulant n'avait pas l'intention de gratifier ce tiers. Il leur suffira, enfin, d'établir l'intention frauduleuse du stipulant si le contrat est fait à titre de libéralité. ,

5° *Prescription*. — Le contrat d'assurances sur la vie engendrant deux obligations, à nous de rechercher comment les principes de la proscription libératoire doivent être appliqués.

I. — 1° Le stipulant s'est engagé à payer une prime unique. L'obligation étant pure et simple la proscription court à partir du jour du contrat ; par suite si trente années se sont écoulées, sans acte interruptif de prescription, le stipulant est libéré et pourra cependant, au décès de l'assuré, réclamer le bénéfice de l'assurance, soit par lui-même, soit par le bénéficiaire, suivant les termes du contrat (Art. 2262 du C. civ.).

2° Si les primes sont annuelles ou payables à des époques périodiques plus courtes, il suffira pour que le stipulant ne soit plus tenu des primes échues d'un délai de cinq ans à partir de l'échéance de chacune (Art. 2277, C. civ.).

II. — C'est seulement au décès de l'assuré que l'obligation de l'assureur devient exigible, par suite, c'est seulement à partir de cette époque que commence à courir contre le bénéficiaire la prescription trentenaire. Tel est le principe.

Mais il intervient souvent en pratique entre le stipulant et l'assureur une convention déclarant déchus de tout droit les bénéficiaires du contrat s'ils ne réclament pas le capital stipulé dans un certain délai.

Cette convention est-elle valable ?

A. — Non, dit un arrêt de la Cour de Paris du 19 décembre 1849 ; car elle est illégale comme contraire à la prohibition, de l'article 2220 du Code civil, de renoncer à une prescription non acquise.

B. La Cour de Cassation s'est à juste titre prononcée en sens contraire (1) en décidant qu'une semblable clause n'était pas une renonciation à la prescription, mais l'indication d'un délai préfixe pendant lequel l'assureur pourra être actionné en paiement du capital
stipulé.

1. Fév. 1853, *J. du Palais*, 1853, t. I, p. 697.

NEUVIÈME PARTIE

Principes sur la juridiction compétente en matière d'assurances sur la vie.

L'existence et l'exécution du contrat d'assurances sur la vie peuvent donner lieu à des contestations entre les diverses parties qui ont figuré au contrat. Ces contestations peuvent être portées devant des arbitres, devant le tribunal civil ou le tribunal de commerce.

Nous allons rechercher dans trois chapitres spéciaux quels sont les cas où il y a lieu d'avoir recours à une juridiction plutôt qu'à l'autre.

CHAPITRE PREMIER

DE LA JURIDICTION ARBITRALE.

Les articles 1003 et suivant du Code de procédure civile régissent cette matière de l'arbitrage, où de simples particuliers choisis et institués par les parties ont pour charge de vider le différend existant entre elles. Nous n'avons pas à nous appesantir sur les devoirs et les droits de ces juges, dont l'étendue des pouvoirs est déterminée par le *compromis* qui les institue.

Il n'est pas toujours possible de recourir à ce moyen de vider les différends, les parties devant être capables de compromettre et les arbitres ne tenant leurs pouvoirs que du contrat lui-même, étant incompétents pour se prononcer sur les difficultés relatives à son existence ou à sa validité.

Les sentences des arbitres ne deviennent exécutoires qu'après ordonnance du Président du Tribunal de première instance ou du Président de la Cour d'appel, si le compromis a eu lieu sur l'appel d'un jugement du Tribunal d'arrondissement. (Art. 1020 C. proc. civ.). L'ordonnance d'exécution rendue, les sentences arbitrales entrainent hypothèque (art. 2123 C. civ.).

———

CHAPITRE II

DE LA COMPÉTENCE DES TRIBUNAUX CIVILS

Dans le cas où le stipulant est poursuivi par l'assureur, par exemple, en paiement des primes, comme ce n'est pas un acte de commerce qui a été fait par lui mais bien un acte d'administration, la juridiction civile sera seule compétente et c'est devant le Tribunal civil de son domicile qu'il devra être assigné. Toutefois, si l'objet du litige était inférieur à 200 francs, c'est le juge de paix qui, par application de l'article 1er de la loi du 25 mai 1838 devrait connaître du litige même en dernier ressort si la somme réclamée ne s'élevait qu'à 100 francs.

La juridiction civile serait compétente aussi vis-à-vis de l'assureur s'il ne faisait pas sa profession habituelle d'assurer ou s'il s'agissait de Compagnie mutuelle, les Compagnies en mutualité étant des Sociétés purement civiles, comme cela a été décidé dans de nombreux arrêts rendus en matière d'assurance contre l'incendie, la grêle, etc.... (1).

Mais quel est le Tribunal compétent? Est-ce uniquement celui du siége de la Société?

Nous pensons, avec une jurisprudence aujourd'hui constante, que la Compagnie peut être assignée devant le Tribunal de l'arrondissement où elle a établi une succursale et où les annuités ont été payées (2). Il y a succursale là où l'agent, ayant pouvoir de traiter au nom de la Société, a son principal établissement et par suite la localité est attributive de juridiction.

1. Pouget, *Journal des Ass*. Table. V< Ass< mutuelles.
2. Lyon, 29 décembre 1851. D., p. 55, 5, 50.

CHAPITRE III

DE LA COMPÉTENCE DES TRIBUNAUX DE COMMERCE

Lorsque les actions sont dirigées contre le directeur de la Compagnie d'assurance comme personnellement obligé, la juridiction commerciale sera compétente, les Compagnies, quelle que soit leur organisation, étant pour ceux qui les gèrent de véritables agents d'affaires et, dès lors, l'article 632 du Code de commerce doit s'appliquer au directeur (1).

La juridiction commerciale serait également compétente pour connaître des actions dirigées contre l'assureur si l'assurance avait été faite par une Compagnie à primes fixes. A défaut, dans la police, d'élection de domicile, attributive de juridiction, l'article 420 du Code de procédure civile sera applicable pour déterminer le Tribunal de commerce compétent. Le demandeur pourra donc, à son choix, assigner la Compagnie devant le Tribunal de son domicile ou devant celui dans le ressort duquel le capital est stipulé payable. Le stipulant aurait, d'ailleurs, le droit d'assigner la Compagnie devant la juridiction civile, car, en ce qui le concerne, l'assurance n'est pas un acte de commerce et il ne saurait, dès lors, être forcé, conformément à une jurisprudence constante, à poursuivre son adversaire devant les tribunaux consulaires. La compétence de ces derniers est une compétence *rationæ personæ* lorsque les deux parties n'ont pas fait acte de commerce et, dès lors, le Tribunal civil saisi du procès ne serait tenu de se déclarer incompétent que si le défendeur commer-

1. Cour de Caen, 21 novembre 1818. Affaire Loriquet. Recueil de Caen, L. X, 425. — Alauzet, t. II, p. 496 et suiv.

çant oppose un déclinatoire d'incompétence *in liminæ litis* (art. 424
C. proc. civ.).

Il est nécessaire que nous recherchions quelles règles il nous fau-
dra appliquer lorsque nous serons en présence de Sociétés d'assurances étrangères. Il nous faut d'abord distinguer ces Sociétés en
Sociétés autorisées et en Sociétés non autorisées.

I. — Si nous sommes en présence d'une Société étrangère autorisée conformément à la loi du 30 mai 1857, nous reconnaîtrons qu'en
vertu de l'article 15 du Code de commerce, elles peuvent plaider en
France contre des Français en qualité de demanderesses et qu'elles
doivent fournir la caution *judicatum solvi* (1). De même, rien ne
s'oppose à ce que des Français actionnent ces Sociétés devant nos
tribunaux (art. 14 C. de com.).

II. — Lorsque les Sociétés étrangères ne peuvent pas bénéficier
de la loi du 30 mai 1857, elles n'ont pas en France d'existence légale, par suite, ne peuvent agir devant les tribunaux français en
qualité de demanderesses. Cependant, la jurisprudence tend à reconnaître aux Français le droit d'actionner ces Sociétés devant nos tribunaux afin d'empêcher qu'elles puissent se soustraire aux obligations contractées par elles envers nos nationaux (2).

1. Cass., 26 juillet 1855 et 19 mai 1863. — Sirey, 1853, 1, 688, 1, 353.
2. Cass., 14 novembre 1864. — Sirey, 1865, 1 135. — Contra, M. Ballot, Revue pratique, t. 17.

DIXIÈME PARTIE

Des assurances sur la vie, au point de vue des lois fiscales.

La dette publique étant devenue très-lourde à la suite des événements terribles qui sont venus frapper notre pays, l'impôt doit se puiser partout où il y a matière imposable. Si donc l'étude du contrat d'assurance sur la vie est intéressante au point de vue de l'économie sociale, elle offre aussi un grand intérêt au point de vue du trésor public. A nous de rechercher quels sont les droits du fisc en présence de notre contrat.

Nous étudierons dans trois paragraphes spéciaux les droits : de timbre, d'enregistrement et de mutation.

§ I

DROITS DE TIMBRE

Pendant de longues années les polices d'assurances furent généralement rédigées sur papier non timbré malgré les dispositions de l'article 56 de la loi du 9 vendémiaire an V, de l'article 5 de la loi du 6 prairial an VII et l'article 1er du décret du 3 janvier 1809. En 1848, les besoins du trésor firent sentir la nécessité d'assurer la perception de l'impôt, et, le 24 octobre de ladite année fut présenté par le ministre des finances un projet de loi, dont l'article 9 déclarait nul tout contrat d'assurance écrit sur papier non timbré. Le 5 juin 1850

était promulguée une loi déclarant soumis au timbre tout contrat d'assurance, ainsi que toute convention postérieure contenant prolon-
gation de l'assurance, augmentation dans la prime ou le capital
assuré, sous peine de 50 francs d'amende contre l'assureur.

Aux termes de l'article 34 de la même loi, les compagnies d'assurances sont tenues de faire, au bureau d'enregistrement du lieu où
est leur principal établissement, une déclaration constatant la nature
de leurs opérations et le nom du directeur de la Société. Cette déclaration doit être faite, sous peine d'une amende de 1,000 francs,
avant le commencement des opérations. Les compagnies sont en
outre tenues d'avoir au siége de l'établissement, un répertoire som-
maire des opérations non sujet au timbre et coté, paraphé et visé,
soit par un des juges du tribunal de commerce, soit par un juge de
paix sous peine d'une amende de 10 francs.

Les compagnies d'assurances contractent généralement avec l'État
un abonnement annuel de 2 francs par 1,000 du total des opérations
de l'année précédente. Dans le cas où les opérations ne remontent
pas à une année le montant du droit d'abonnement est liquidé à
l'échéance des deux premiers termes, d'après la déclaration estimative certifiée par les parties.

L'abonnement a pour conséquence de dispenser du visa pour timbre les polices contenant une clause de tacite reconduction, les *dupli-
cata* des polices, l'adhésion de l'assuré.

Enfin, aux termes de la loi du 23 août 1871 article 18, les quit-
tances de sommes supérieures à 10 francs sont soumises à un droit
de timbre de 10 centimes.

§ II

DROITS D'ENREGISTREMENT

Les contrats d'assurances sur la vie contenant une obligation synallagmatique, sont soumis aux droits proportionnels de 1 0/0 fixé par la loi du 28 avril 1816 dans son article 51, n° 2.

Ce droit proportionnel n'est dû que lorsque les polices d'assurances sont produites en justice. La loi de frimaire, ne fixant pas de délai pour l'enregistrement lorsque les polices sont faites par acte sous-seing il n'y a pas lieu à perception du double droit. Si la police est faite par acte authentique elle doit au contraire être enregistrée dans les dix jours de sa date.

D'après l'article 51 de la loi du 28 avril 1816, le droit proportionnel est calculé sur le montant des primes. Dès lors, nulle difficulté pour opérer ce calcul : 1° lorsque l'assurance est faite moyennant le paiement d'une prime unique ; 2° lorsque l'enregistrement n'est nécessaire qu'après la mort de l'assuré. Mais la question est plus délicate lorsque l'assuré s'oblige à payer une prime annuelle jusqu'à son décès dont l'époque est incertaine. Le contrat ne fournissant pas une base fixe pour la perception, deux systèmes se présentent :

A.— Percevoir sur le nombre des primes indiqué par une déclaration des parties, ce qui permettrait de réclamer un supplément de droits, s'il était prouvé ultérieurement qu'il a été payé un plus grand nombre de primes.

B. — Assimiler la prestation viagère, que le stipulant doit fournir, aux valeurs de même nature mentionnées dans les articles 14 et 15 de la loi du 22 frimaire, an VII, et percevoir sur dix fois la prime.

Ce dernier système serait de beaucoup le plus simple, mais il ne repose sur aucun texte précis et est d'ailleurs injuste, puisqu'il a pour conséquence de faire supporter une perception plus forte à la police contractée moyennant un nombre de primes limité, quinze primes par exemple, qu'à celle contractée moyennant un nombre indéterminé de primes.

Le premier système est donc celui que nous adoptons comme conforme à l'article 51 de la loi de 1816, et il suffira de procéder comme pour les marchés dont l'importance est incertaine, c'est-à-dire de demander une déclaration estimative aux parties, sauf à exiger plus tard un supplément (1).

Cession de la police. — Si pendant sa vie le stipulant cède à un tiers le profit de l'assurance, à quel droit cette cession donnera-t-elle ouverture ? Il nous faut distinguer deux hypothèses :

1re Hypothèse. — Le cédant continuera à payer les primes.

2me Hypothèse. — Les primes seront payées par le cessionnaire.

1re Hypothèse. — Dans ce cas la cession n'est autre chose que le transport de la somme promise par l'assureur, somme qui doit être assimilée à une créance ferme, puisqu'on doit supposer que les primes à échoir seront régulièrement servies. C'est donc un droit de transport à 1 0/0 qui sera exigible sur le capital assuré.

2me Hypothèse. — Le stipulant cède les avantages de la police tels qu'ils existent au moment de la cession, sans s'engager à les accroître par le paiement des primes qui sont à la charge du cessionnaire, quel sera le droit à percevoir ? Dans ce cas le transport n'a plus pour objet le capital promis par l'assureur, mais seulement la valeur de la police au jour de la cession ; cette valeur estimée d'après les tarifs des compagnies sur le rachat des polices, sera seule soumise au droit de 1 0/0.

§ III

Droits de donation et de mutation par décès.

Le contrat d'assurances sur la vie peut-il donner lieu soit au droit de donation entre-vifs, soit au droit de mutation ?

Telle était la question qui se posait avant la loi des 21 et 28 juin

1, Dict. des Red. du J. de l'Enr. N° Ass. n. 212.

L. 11

1875, qui dispose dans son article 6 : « *Sont considérés comme* « *faisant partie de la succession d'un assuré, sous réserve des* « *droits de communauté, s'il en existe une, les sommes, rentes* « *ou émoluments quelconques dus par l'assureur, à raison du* « *décès de l'assuré.*

« *Les bénéficiaires à titre gratuit de ces sommes, rentes ou émo-* « *luments, sont soumis aux droits de mutation par décès, suivant* « *la nature de leurs titres et de leurs relations avec le défunt,* « *conformément au droit commun.* »

Il résulte donc de cette loi que les bénéficiaires du contrat d'assurances sur la vie sont soumis au droit de mutation par décès. droit évalué d'après le degré de parenté existant entre eux et le *de cujus.*

Mais, une instruction ministérielle du 23 juin 1875 (n° 2517), déclarant que cette loi n'a pas d'effet rétroactif, et ne s'applique qu'aux actes passés sous son empire, il est nécessaire de rechercher le sort des actes passés avant sa promulgation.

Nous allons étudier deux hypothèses :

1° Les bénéficiaires de l'assurance en cas de décès reçoivent le capital à titre de donataires, doivent-ils le droit de mutation ?

2° Les bénéficiaires ayant été désignés immédiatement lors du contrat, y a-t-il lieu à un droit proportionnel de donation ?

1° Les bénéficiaires de l'assurance ayant droit au capital stipulé *jure proprio* à titre de donataires, l'administration de l'Enregistrement soutient cependant qu'il y a lieu au droit de mutation et elle s'appuie sur les arguments suivants :

A. — *a.* — Le droit de mutation est dû toutes les fois que le bénéfice qu'un tiers tire d'une stipulation a sa cause efficiente dans le décès du stipulant.

·*b.* — Le droit au bénéfice de l'assurance étant irrévocable il y a une mutation par décès et non une mutation entre-vifs.

B. — Nous pensons au contraire que dans cette hypothèse le droit de mutation par décès n'est pas dû.

a. — Le décès de l'assuré n'est nullement la cause efficiente du droit du bénéficiaire donataire, c'est le terme qui rend exigible son droit né, fixé et déterminé au moment du contrat.

b. — Au décès de l'assuré il ne s'opère aucune mutation puisque c'est un droit qui lui est *personnel*, c'est *sa chose* que recueille le bénéficiaire.

2° Cette hypothèse est plus délicate, il s'agit de savoir si les bénéficiaires donataires désignés au contrat sont tenus au droit de donation ?

Les articles 10 et 11 de la loi du 22 frimaire an VII posent une règle et une exception. La règle est que chacune des dispositions renfermées dans un même acte est soumise à un droit spécial ; l'exception déclare qu'il y a lieu à un droit unique lorsque ces dispositions dépendent et dérivent nécessairement les unes des autres.

Cette exception peut-elle s'appliquer au contrat d'assurances sur la vie?

A. — Pour les auteurs qui pensent que c'est la vie qui est assurée dans le contrat d'assurance en cas de décès, la donation étant le motif et le but du contrat, l'exception est applicable et le droit proportionnel de donation n'est pas dû (1).

B. — Dans le courant de cette étude nous avons réfu. un pareil système ; aussi, les conséquences qu'on en tire ne peuvent-elles être acceptées par nous, qui voyons dans le contrat d'assurance en cas de décès deux obligations distinctes et indépendantes. Aussi, pensons-nous que le droit proportionnel de donation peut être exigé du donataire (2).

— Il nous reste à rechercher si c'est sur les primes ou sur le capital stipulé au contrat que doit être perçu le droit proportionnel de donation?

Nous devons, dans l'espèce, donner une solution toute autre que

1. Deloynes, Revue crit. de lég. 1871-1872, p. 229.
2. Demante, expos. résum. des prin. de l'Enr.,t. I, n. 65, 77 et t. II, n, 578-599.

celle émise par nous pour le calcul des droits d'enregistrement ; n'é-
tant plus, comme nous l'avons indiqué, en présence de la même opération. Dans le premier cas, le droit était perçu sur l'obligation synallagmatique existant entre le stipulant et l'assureur, tandis que
dans cette hypothèse le droit proportionnel de donation s'applique
au contrat de bienfaisance consenti au profit du bénéficiaire. Mais
d'accord avec les théories émises au cours de cette étude, nous pensons, contrairement à l'opinion de M. Garnier (1), que c'est sur le
capital stipulé que doit porter le droit, ce capital étant l'objet de la
donation et c'est de lui, et de lui seul que le stipulant a disposé.

1. Garnier. Rép. d'En. V. Assurances sur la vie, p. 515 n. 2338.

TABLE ANALYTIQUE DES MATIÈRES

Des assurances sur la vie.

Chapitre IV

De la cause.

QUATRIÈME PARTIE

Des obligations engendrées par le contrat d'assurance sur la vie.

Chapitre Premier

Obligations du stipulant.

Chapitre II

Obligations de l'assuré.

Chapitre III

Obligations de l'assureur.

Section I. — *Garantie des risques.*

Section II. — *Paiement du capital stipulé.*

CHAPITRE II.

Du rapport et de la réduction dans les assurances sur la vie.

Section I. — Du rapport.

SEPTIÈME PARTIE.

Des assurances entre époux.

HUITIÈME PARTIE.

Causes de nullité et d'extinction du contrat d'assurance sur la vie.

CHAPITRE PREMIER.
Causes de nullité.

NEUVIÈME PARTIE.

Principes sur la juridiction compétente en matière d'assurances sur la vie.

CHAPITRE PREMIER.
De la juridiction arbitrale.

Chapitre II.

De la compétence des tribunaux civils.

Chapitre III.

De la compétence des tribunaux de commerce.

DIXIÈME PARTIE.

Des assurances sur la vie au point de vue des lois fiscales.

§ 1. — *Droits de timbre.*

§ 2. — *Droits d'enregistrement.*

§ 3. — *Droits de donation et de mutation par décès.*

POSITIONS

DROIT ROMAIN.

I.

Le *nauticum fœnus* est un *mutuum*.

II.

La *pœna* se calcule sur la *trajectitia pecunia* et sur le *nauticum fœnus*.

III.

Une stipulation est nécessaire pour faire naître les intérêts moratoires dans le *nauticum fœnus*; un pacte ne suffit pas.

IV.

Le *privilegium* des lois 26 et 34 au Digeste *de reb. auet. judl* constitue un simple privilége et non une hypothèque privilégiée.

DROIT CIVIL.

I.

Le contrat d'assurances sur la vie n'est pas un contrat d'indemnité comme les autres contrats d'assurances.

II.

Le contrat d'assurances sur la vie contracté par un mineur est annulable pour cause de lésion.

III.

Le contrat d'assurances sur la vie contracté par lettres est formé au moment précis où la lettre d'acceptation a été jetée à la poste.

IV.

Dans le cas de suicide de l'assuré c'est à l'assureur d'en faire la preuve.

V.

L'assurance contractée au profit d'un tiers est valable.

VI.

Les *héritiers ou ayants-droit* du stipulant, désignés comme bénéficiaires dans la police d'assurances sur la vie, ont droit au capital assuré *jure hereditario* et non *jure proprio*.

VII.

Est valable le contrat d'assurances sur la vie contracté par deux époux communs en biens au profit du survivant d'entre eux.

VIII.

Lorsque le bénéficiaire de l'assurance n'a pas accepté du vivant du stipulant la libéralité qui lui était faite, le décès du donateur rend la donation irrévocable.

IX.

Le rapport doit s'exercer sur le capital et non sur les primes.

X.

L'héritier qui reste trente ans sans prendre parti doit être considéré comme acceptant.

XI.

Le contrat de bail confère au locataire un droit personnel.

DROIT COMMERCIAL.

I.

L'autorisation de justice ne peut pas habiliter la femme mariée à faire le commerce, en cas d'absence ou d'incapacité du mari.

II.

L'autorisation de justice ne peut pas davantage habiliter la femme mariée à faire le commerce, lorsque le mari vient à révoquer l'autorisation qu'il avait précédemment donnée.

DROIT ADMINISTRATIF.

Le lit des cours d'eau ni navigables, ni flottables est une *res nullius.*

DROIT PÉNAL.

Un homme acquitté en Cour d'assises pour crime d'assassinat peut être traduit en police correctionnelle pour coups et blessures involontaires.

DROIT FISCAL.

Avant la loi des 21 et 25 juin 1875, les bénéficiaires de l'assurance, ayant droit au capital stipulé *jure proprio*, n'étaient pas tenus au droit de mutation par décès.

DROIT INTERNATIONAL.

Outre l'exterritorialité de l'hôtel, une seconde garantie, l'immunité de juridiction appartient aux ambassadeurs ; cette immunité est absolue.

Vu par le Président de la thèse,
BAYEUX.

Vu par le Doyen,
E. DEMOLOMBE.

Vu et permis d'imprimer,
LE RECTEUR
J.-M. SÉGUIN.

Mayenne, imp. DERENNE. — Paris, Boulevard St-Michel, 62.

IMPRIMERIE A. DERENNÉ, MAYENNE. — PARIS, BOULEVARD SAINT-MICHEL, 52.

www.ingramcontent.com/pod-product-compliance
Lightning Source LLC
Chambersburg PA
CBHW070523200326
41519CB00013B/2903